일을
행하시고
성취하시는
여호와

하나님의 때에, 하나님의 방법대로 이루시다

김정민 지음

쿰란출판사

일을 행하시고
성취하시는 여호와

추천사

이 글을 쓰신 김정민 집사님은 제가 섬기고 있는 진해순복음교회 청년집사이며 찬양단 리더로 섬기고 계십니다. 이 책의 내용을 살펴보면서 하나님의 신실하심을 다시 한 번 생각하게 되었습니다.

태어나서 지금까지 살아오는 여정 속에 평범하지는 않았지만 그럼에도 십자가 단단히 붙잡고 믿음으로 인내하면서 달려오신 것을 생각할 때 하나님의 은혜가 얼마나 귀한지를 또 한 번 돌아보게 되었습니다. 그리고 조부모님의 간절한 기도가 열매로 김정민 집사님의 삶에 나타남을 보면서 자녀를 향한 부모님의 기도가 얼마나 중요한지를 새삼 깨닫게 되었습니다.

성경에 나오는 많은 인물들을 보면, 일반 사람들이 겪지 않는 어려움들을 많이 겪지만 그럼에도 하나님의 신실하심을 믿고 고난의 터널을 통과한 후에 귀하게 쓰임을 받았던 것을 봅니다. 요셉이나 모세, 다윗 등 말입니다.

   특별히 고난의 대명사로 불리는 욥도 "내가 가는 길을 그가 아시나니 그가 나를 단련하신 후에는 내가 순금같이 되어 나오리라" (욥 23:10) 고백한 대로 그의 결말이 이루어진 것처럼 김정민 집사님의 남은 생애도 40년간 어려움을 많이 겪고 오늘에 이르렀으니 이것을 디딤돌 삼고 나아간다면 하늘의 별과 같이 빛나는 인생으로 축복해 주실 줄 믿습니다.

   이제는 그리스도 예수 안에서 하나님의 자녀로 거듭난 소중한 존재임을 잊지 마시고 때마다 일마다 함께 하사 도우시며 인도하시는 그분의 손길을 힘입어서 하나님의 이름을 존귀하게 높여 드리는 삶이 열리기를 소망합니다.

   아무쪼록 이 책을 읽으시는 분들에게도 자녀와 함께 하나님의 선하심을 믿고 끝까지 믿음의 행진이 이어지기를 소망하면서 추천을 드리는 바입니다.

용성중 목사
진해순복음교회 담임목사

추천사

《일을 행하시고 성취하시는 여호와》를 읽고

한 사람의 인생이 하나님을 만나고 경험하는 삶을 살아갈 때 일어나는 놀라운 은혜가 고스란히 담겨져 있는 소중한 이야기입니다.

어린 시절부터 하나님의 말씀을 읽고, 묵상하며, 고통의 시간을 믿음으로 반응하며 살아온 정민의 삶은 언약의 말씀이 삶에서 어떻게 성취되는지 보여줍니다.

가식과 포장 없이 쓰인 진실된 이야기는 저마다의 인생의 터널을 지나는 이웃들에게 소망과 위로를 줍니다.

"나의 삶에도 하나님이 계신가?" 질문하는 모든 이들에게 이 책을 추천합니다.

최영준 집사
학생신앙운동(SFC) 동역자, 육군 군인교회 안수집사

머리말

두렵고 설레는 마음으로 인사를 올립니다.

처음에는 제가 만난 하나님을 주변 사람들에게 간략하게 소개하던 것이 시작이었습니다. 하나둘 이야기하다 보니, 제가 만난 하나님이 제가 생각했던 것보다 훨씬 위대하고 놀라운 하나님이심을 스스로도 알게 되었습니다. 그래서 제가 만난 하나님을 요약하여 정리해 보기 시작했습니다. 그렇게 조심스레 한 글자씩 써 내려가다 보니, '책으로 출간할 수도 있을까?'라는 생각이 들기 시작했습니다.

약한 저를 강하게 하시는 하나님의 역사와 그 과정 중에서 변화되어 가는 저의 모습…. 원수 된 자들과 화평하라 하시고 화목케 하시는 하나님의 깊으신 뜻 가운데 이해하고 용서하며 서로 사랑하라 하셨습니다. 아직 온유하지 못하고 겸손이 부족하여 배울 것이 많지만 그럼에도 불구하고 이렇게 사용하여 주시니 감사를 드립니다.

40년도 안 되는 짧은 저의 인생에 정말 다양하고 많은 대적들이 일어나 저를 치려 하지만 하나님은 모든 사람으로 더불어 평화하라고 가르치십니다. 결국 저는 저를 죽음의 문턱까지 끌고 갔던 자들을 용서하고 원수를 사랑하라는 주님의 명령을 지키기 위해 이 글을 쓰기에 이르렀습니다.

문신을 새긴 자나 싸움꾼이나 취객이나 마약하는 자와 모든 유흥을 즐기는 자도 누구든지 그리스도 예수 안에 있으면 새로운 피조물입니다. 이전 것은 지나갔으니 새 사람이 될 것입니다. 그러므로 주 예수를 믿으십시오. 그리하면 당신과 당신의 가정이 구원을 얻을 것입니다. 이것이 제가 저와 원수 되었던 자들에게 전할 메시지입니다.

만세전에 저를 택하사 하나님의 자녀 삼으시고 내 백성이 아닌 자를 내 백성이라, 사랑하지 아니한 자를 사랑한 자라 불러주시니 감사를 드립니다. 기가 막힐 웅덩이와 수렁에서 끌어 올리시고 오늘날까지 인도하여 주신 전능하신 하나님이 얼마나 저를 사랑하시는지 세상에 널리 전하는 기적의 이야기를 듣고 온 세상이 주님을 찬양하는 아름다운 노랫소리가 하늘까지 울려 퍼지기를 기도합니다.

2025년 9월

김정민

목차

- 추천사_ 용성중 목사(진해순복음교회 담임목사) … 4
  최영준 집사(학생신앙운동(SFC) 동역자, 육군 군인교회 안수집사) … 6
- 머리말 … 7

01_ 유년기와 주일학교 시절

숨도 쉬기 힘들었던 생명에게 찾아온 기적 _ 14
세상에서 연단 받으며 인내를 배우는 첫걸음을 떼다 _ 21
마음을 다하여 여호와를 신뢰하고 네 명철을 의지하지 말라 _ 30

02_ 질풍노도에 휩쓸린 중고등부 시절

전능하신 나의 주 하나님 _ 38
궁핍과 환난과 학대가 있었으니 _ 46
광야를 지나며 _ 53
깊은 방황과 시련 끝에 다시 하나님을 찾다 _ 62

03_ 은혜로 말미암아 회복된 대학 생활

하나님의 전신갑주를 입으라 _ 68
일을 행하시는 여호와 _ 76
하나님이시여 _ 86
사막에 샘이 넘쳐흐르리라 _ 93
세상으로 나아가다 _ 101

04_ 험난했던 직장 생활과
교사로서 연단 받은 시간

구주여 광풍이 불어 _ 106
그럼에도 불구하고 나를 사랑하시는 주님 _ 122
교회학교 교사로시 겪은 황당한 일 _ 126
간증을 전하는 자로의 부르심 _ 137
교사로 봉사하며 느꼈던 부분 _ 152
일을 행하시고 성취하시는 여호와 _ 166

▪ 맺는말 ⋯ 174

01
유년기와 주일학교 시절

숨도 쉬기 힘들었던 생명에게
찾아온 기적

1986년 5월 20일. 저체중의 한 아이가 세상 밖으로 머리를 내밀었다. 아니, 내밀었다기보다는 끌려 나왔다. 몸무게 1.8킬로그램. 울지도 않고 죽은 듯이 끌려 나온 그 아이는 태어나자마자 인큐베이터 속으로 들어가야 했다.

패혈증. 미생물이 혈액으로 침투하여 발생한다고 하는데, 1986년의 의료 기술로는 서울에 있는 대학병원이라면 모를까, 지방에 있는 병원들로서는 저체중 출산아의 패혈증을 치료할 능력이 없었다.

포기. 혈액의 80퍼센트를 수혈했지만 변하지 않는 상황에 의료

진들도 손을 놓았고, 하늘에 맡긴다고 하였다.

　모든 것이 절망적인 상황. 오랜 세월 신앙 생활을 해온 할머니의 사력을 다한 기도가 갓 태어난 신생아에게 주어진 기도의 잔을 채워 나갔다.
　기적. 천주교 재단이 운영하던 병원에서 죽기 전에 세례라도 받고 가라고 유아세례를 받게 해주었다. 모두가 마음의 준비를 하던 그때, 기도의 잔이 채워졌고 성령이 말할 수 없는 탄식으로 그들을 위하여 친히 간구하시니 기적이 일어났다.
　그러나 말 그대로 살아나기만 한 것일 뿐 모든 기능이 정상적이지 않았다. 태어나자마자 엄마와 격리되어 3개월을 인큐베이터 안에 누운 채 수액으로만 생명을 이어 나갔다. 그나마 제대로 사람 모양새를 한 것도 만 2세 정도 되었을 때다. 그전까지 모유를 단 한 번도 먹지 못했으며, 이유식은 먹는 족족 토해 냈다.
　조금씩 흡수되는 영양분으로 간신히 삶을 이어 가던 아이. 나는 그런 아이였다.

　그러다 만 5세가 되던 때 기적이 일어났다.

"사막에 샘이 넘쳐 흐르리라. 사막에 꽃이 피어 향내 내리라.

주님이 다스리는 그 나라가 되면은 사막이 꽃동산 되리."

낡은 카세트에서 흘러나오는 복음성가를 들으며 혼자서 장난감을 가지고 놀던 나.

찬양은 2절을 향해 달려갔고, 후렴이 막 시작되려는 찰나, 태어나서 처음 느껴 보는 감정이 강하게 휘몰아쳤다. 웅장함? 강함? 그 어떠한 단어로도 설명하기 어려운 위대한 하나님의 사랑이 아무것도 모르고 놀고 있던 내 마음속에 찾아왔다.

회개. 장난감을 가지고 놀고 있던 나는 엄청난 두려움을 느꼈고, 대성통곡하면서 바닥을 구르기 시작했다.

"잘못했습니다."

이 한 마디만 계속 외쳤던 것 같다. 내 모든 죄악이 다 드러나는 기분. 그것을 용서받기 위해 나는 울면서 바닥을 뒹굴었다. 이제 겨우 다섯 살 된 아이가 죄를 지어 봤자 얼마나 큰 죄를 지었겠는가. 한데 나는 세상에서 가장 큰 죄를 지은 기분으로 두려움에 떨며 바닥을 계속 뒹굴었다.

내 통곡 소리를 들었을까. 밖에 널어놓은 빨래를 확인하러 나갔던 어머니가 빠르게 돌아왔다. 어머니는 펑펑 우는 나를 진정

시키고 무슨 이유인지 물었으나 나는 아무것도 말할 수 없었다. 나도 내가 왜 우는지 이유를 알 수 없었기 때문이다.

그 순간 말할 수 없는 포근함과 따뜻함이 찾아왔다. 뭐라고 설명해야 할지 잘 모르겠지만, 아마도 모태에 있다면 그런 기분이 아닐까 싶은 편안함, 권능의 손과 펴신 팔로 나를 안아 주시니, 세상과 나는 간 곳 없고 구속한 주만 보이는 게 그런 기분이 아니었을까 생각해 본다.

영적인 체험이 있었지만, 아직 어렸던 나의 삶은 결코 순탄하지 않았다.

정상인에 비해 오장육부의 모든 기능이 떨어졌으므로 계절이 바뀔 때마다 눈병과 감기를 앓았으며, 소화기관이 약해 음식물을 거의 삼키지 못하였기 때문에 성장이 더딜 수밖에 없었다. 식도가 가늘고 호흡이 거칠며 심장도 약하고 장에도 문제가 있다고 진단을 받아 겨우 걸어 다니고 하루하루 생존하면서 미취학 아동의 시기를 보냈던 것 같다.

어머니는 어떻게든 나에게 밥을 먹이려고 하셨지만, 나는 삼키지 못해 전전긍긍하다 겨우 삼키고는 다시 토해 내기를 반복했다.

어머니는 그런 나에게 밥을 먹이기 위해 동화책을 읽어 주며 좁은 식도로 소량의 음식물이 넘어가기를 기다려 주셨다. 그렇게 한 끼를 먹는 데 무려 1시간 이상씩 걸렸기에, 온종일 식사를 준비해 밥을 떠먹이며 책을 읽어 주고, 다시 식사를 준비해 밥을 떠먹이며 책을 읽어 주는 것이 어머니의 하루 일과였다.

어머니는 내가 총명하다고 생각하였기에 책을 읽어 주면서도 계속 질문을 던졌다.
"미끄럼틀에 아이가 몇 명 있었지?"
"토끼는 왜 거북이를 이길 수 없었을까?"
그렇게 나는 말하기, 듣기, 읽기, 쓰기에서 또래보다 빠른 발전을 이룰 수 있었다. 내가 글을 읽기 시작하면서부터는 혼자서 책을 보며 밥을 먹는 것이 매일매일 하루의 일상이 되어 갔다.
"엄마, 단추로 끓인 스프는 무슨 맛일까요?"
"토끼의 간은 정말로 약이에요?"
가지고 있던 동화책은 모두 다 읽어 버렸고, 사촌들이 읽은 동화책들까지 물려받아 읽기 시작했다.

어린 시절 우리 집은 가난하였다. 장난감이라고는 파란 토끼 인형과 노란 굴착기, 앞뒤로 달리는 레미콘과 독수리 오형제 비행기가 전부였기에 거울이랑 빗을 들고 와 그것들이 사람인 것처럼 연극을 하면서 혼자 놀던 때, 내가 꿈꾸고 바라며 기도해 왔던 동생이 태어났다.

동생이 어느 정도 자라 의사소통이 가능해지기 전까지는 몇 안 되는 장난감과 동화책을 친구 삼아 지냈다. 어머니는 그런 나에게 거금을 써서 계몽사에서 출간된 전권 20권에 달하는 두꺼운 위인전을 선물해 주셨다. 그림도 거의 없이 대부분 글로만 된 책이었지만, 여섯 살 때부터 읽기 시작하여 매일 밥 먹으며 읽다 보니 초등학교에 입학할 즈음엔 벌써 읽은 책이 10권이 넘었다.

평생 단 한 번도 모유를 먹지 못했던 나는 나와 덩치가 비슷한 가방을 짊어지고 초등학교에 입학했다.

학교에서 친구를 많이 사귀어야 한다고 배웠고, 먼저 다가가 말을 걸어 보라고 배웠다. 나는 내가 신체적인 부분에서 또래 친구들에 비해 상대적으로 약하다는 걸 충분히 인지하고 있었기에, 학교에서 살아남으려면 강한 친구들과 어울리는 게 답이라고 생각했다. 그래서 누가 봐도 가장 힘이 세다고 예상되는 친구들 대여섯 명과 어울리기 시작했는데, 나의 잔머리는 얼마 지나지 않아 독이 되어 나에게 돌아왔다.

나는 나의 강력한 아군들을 이끌고 우리 집으로 갔다. 가장 힘이 센 친구 다섯 명과 즐거운 시간을 보내던 중 친구 하나가 집에 있던 꽃의 가지를 꺾었다. 당시 우리 집은 꽃을 많이 키워 판매하는 꽃집이었고, 꽃을 관리하는 할머니의 꽃 사랑은 매우 남달랐다.

내 계획에 전혀 없었던 상황이 발생하였다. 처음 사귄 내 친구들을 향한 할머니의 분노. 내가 초등학교 1학년이던 1993년도만 해도 체벌이 당연시됐고 문제가 되지 않았다. 할머니는 내 친구들을 때리셨고, 깜짝 놀라 얼이 빠진 나를 뒤로한 채 내 친구들은 울면서 집으로 돌아갔다.

세상에서 연단 받으며
인내를 배우는 첫걸음을 떼다

다음 날부터 초등학교 6년에서 중학교 3년으로 이어지는 총 9년간의 왕따 생활이 시작되었다. 이유는 간단했다. 내가 자신들을 데리고 가서 매를 맞게 만들었다는 것. 친구들과는 말이 전혀 통하지 않았다. 어쩔 수 없었다. 만 6~7세의 아이들과 이루어진 이들 집단은 그 나이 또래답게 매우 단순하기에 그냥 '따라가서 맞았다' 이것 하나에 초점이 맞추어져 있었다. 나 역시 학업 성적 우수자로서 머리가 좋은 편에 속했지만 그래 봤자 초등학교 1학년일 뿐, 이 상황을 해결할 방법이 머리에 떠오르지 않았다.

잠시 여기서 내 지능을 이야기하자면, 초등학교 1학년 전체 석차 1등에, 교내 모의 평가에서는 한두 문제 정도만 틀렸다고 들었다. 실제로 어린 시절 생활기록부를 보면 대부분이 '수'이고, '우'가 한두 개 있다. 최우수, 우수 등의 글씨에서 유추하여 '수'보다 '우'가 더 좋은 건 줄 알고 슬퍼했던 기억이 희미하게 남아 있다. 초등학교 2학년 때 학교에서 실시한 '멘사 아이큐 테스트'에서 135 정도의 높은 점수가 나왔을 정도로 기본적인 지능은 굉장히 높은 편이었다.

자, 다시 원래 이야기로 돌아가서, 그런 내가 직접 고른 정예 멤버 다섯 명이 나를 공격하기 시작했다. 앞에서도 언급했지만, 나는 기본적으로 허약한 체질이었기 때문에 절대로 그들을 이길 수 없었다. 밀면 밀리고, 당기면 끌려가는 보복성 폭행이 매일같이 지속되었다. 무식하고 힘만 세며 동물적인 본능에 충실했던 다섯 명. 심지어 그들 중 한 명은 훗날 지역에서 이름만 대면 다 아는 유명한 싸움꾼이 되었다.

나는 그런 친구들에게 샌드백도 아닌 짐승 취급을 당하며 매일을 견뎌야 했다. 아이들이 힘 조절이 안 되는 데다 싸움 기술도 전혀 없다 보니, 주먹으로 때리는 게 아니라 그냥 마구잡이로 사람을 패대기치고 벽에다 머리를 찧고 밀어서 넘어뜨리고, 다시 일으켜 벽에다 밀어 버리기를 반복했다. 나는 그런 단순 무식한 폭행의 희생양이 되었다.

도저히 말이 통하지 않는 친구들이라 결국 어머니에게 도움의 손길을 내밀었다. 학부모들 간의 대화를 통해 최소한의 기본적인 문제는 해결되는 듯 싶었지만, 이성보다 동물적 본능이 더 강한 나이의 아이들이 '때리는 맛'을 알아 버린 것이 얼마나 큰 문제인지는 어느 누구도 알지 못했다.

학년이 올라갈수록 그들의 집요한 폭행은 더 교묘해지고 치밀해졌고, 나중에는 자기들이 나를 왜 때리는지 아무도 기억하지 못한 채 그냥 본능처럼, 습관처럼 매일 때렸다.

학교에 가는 것이 스트레스로 다가오면서 성적이 점점 떨어지기 시작했다. 초등학교 5학년, 평균 95~100점이 당연하던 나의 성적표는 80점대를 지나 어느새 70점대로 내려오고 있었는데, 그쯤이었던 것 같다. 내가 신기한 꿈을 꾸기 시작한 것이.

꿈에서 나는 방위병(현 공익근무요원)이었고, 전쟁터에서 민간인들을 방공호로 대피시키고 있었다. 그리고 전쟁에서 내 소중한 사람들이 목숨을 잃는 것을 내 눈으로 봐야만 했다.

한번은 우리 집 온실 쪽에 서 있는데, 난데없이 천사 셋이 하늘에서 내려와 나를 보며 우레와 같은 큰 소리로 찬양을 부르고 사라지는 꿈을 꾸었다. 그 밖에 몇몇 이해하기 힘들 정도로 난해한 꿈을 지속적으로 꾸기 시작하였다. 동시에 그때부터 꿈속에서 내가 있는 공간이 꿈이라는 것을 인지하는 자각몽도 꾸기 시작하였다.

그때는 모든 것이 신기하여 꿈꾸는 것에 많은 의미를 부여하곤 했으나, 걱정이 많으면 꿈이 생기고 말이 많으면 우매한 소리가 나는 줄 뒤늦게 알게 되었다.

나는 어릴 때부터 감수성이 풍부하고 굉장히 예민했던 것으로 기억한다. 그래서 예술적 감각이 뛰어났는데, 어머니가 그런 나의 재능을 키워 보고자 당시 대학생이던 사촌누나에게 피아노 과외를 받게 해주어, 다섯 살 때부터 옆집에 사는 사촌누나 집에서 매일같이 피아노를 배울 수 있었다.

그러나 나는 피아노에 재능이 있지는 않았던 것 같다. 하지만 사촌누나가 어린 나를 돌보아 주는 동안 내 기준에서는 꽤 많은 시간을 사촌누나 집에서 피아노와 함께할 수 있었고, 높은음자리표 그리는 것부터 음표와 쉼표 구분하는 법, 음악 용어까지 공부할 수 있었다. 어릴 땐 왜 피아노만 치면 될 것을 이론 수업까지 하는지 이해하지 못했는데, 초등학교에 가서 음악 수업을 듣고 시험을 치면서 알게 되었다. 그 덕택에 음악 교과서가 한눈에 훤히 내려다보인다는 것을.

피아노 교재가 바뀔 때마다 책에 나이와 이름을 썼는데, '5'를 '6'으로 고치고 '7'을 '8'로 고치며 이름을 꾸역꾸역 적는 나를 보며 "여기 배우러 오는 사람은 너 혼자뿐인데 왜 그렇게 이름을 적니? 니 책 여기 놔두고 가도 아무도 안 가져간다"라고 말했던 사촌누나의 말이 아직도 귀에 맴돈다.

나는 무려 중학교 1학년이 될 때까지 피아노를 배웠다. 그러다 피아노 과외를 그만둔 건 순전히 친구들 때문이었다.

초등학교 5학년 때, 집에 놀러 왔던 친구를 통해 내가 《체르니 100》을 친다는 게 우연히 학교에 알려졌다. 그 시절 우리는 초등학생의 어설픈 선입견으로, 피아노는 '여자들 악기'라는 인식을 가지고 있었는데, 아니나 다를까 남자들 사이에서 자연스럽게 나는 더 소외되고 말았다.

"여자들한테 가서 놀아라."

나를 괴롭혔던 친구들은 말할 것도 없고, 그나마 나와 교류하고 지내던 친구들조차 나와 거리를 두었다. 이것보다 더 괴로운 건 여자아이들의 반응이었다.

"니가 뭔데 감히 피아노를 치는 거야?"

이게 내가 받아들여야 하는 상황이고 현실이었다. 나는 미운 오리 새끼처럼 어느 무리에도 어울리지 못하고 방황하였다. 짝을 맞춰 주어야 하는 담임 선생님 입장에서는 상대적으로 학업능력이 떨어지거나 성장 속도가 조금 더딘 아이들과 나를 묶어 줄 수밖에 없었다. 그런데 그게 나를 더 고립시켰다.

그렇게 나는 《체르니 30》을 기점으로 피아노와 점점 멀어졌고, 사춘기가 시작되면서 완전히 손에서 놓았다. 내가 피아노를 얼마나 싫어했던지, 망치로 부수고 싶다는 표현을 어머니에게 했던 것이 기억난다. 그 후로 그동안 배웠던 피아노의 모든 것을 강제로 하나둘 기억에서 지워 나갔다.

나는 초등학교 4학년을 지나면서 이미 공부를 포기했다. 3학년 때 담임 선생님은 은퇴를 앞둔 노처녀였는데, 말 그대로 촌지에 미친 사람이었다.

당시에는 학업 성적 순으로 반장과 부반장을 임명했는데, 나는 초등학교 3학년 때 처음으로 반장이 되었다. 반장이 되고 나서 맞이한 5월 15일 스승의 날. 지금과 달리 스승의 날에 선생님에게 선물을 했던 당시, 초등학교 저학년 학생이 교사에게 주는 선물은 사실 그 부모가 주는 것과 마찬가지였다.

어머니는 나에게 도서상품권(지금의 문화상품권)을 주며 선생님께 드리라고 하였다. 지극히 정상적이면서도 현실적이지 못했던 찰나의 선택이 내 인생을 다시 망가뜨렸다. 노처녀 할머니 선생님은 내 선물을 전혀 기뻐하지 않았고, 모든 학생 앞에서 크게 말했다.

"반장이라는 애가 스승의 날 선물이 이게 뭐니?"

심지어 나는 처음에 그 말을 칭찬으로 알아들었다.

그다음 날부터 나에게는 새로운 지옥이 시작되었다. 수업 참석 불가. 그것이 내가 받은 체벌이었다. 아침에 등교하면 바로 교실 뒤로 가서 무릎 꿇고 손 들고 있어야 했다. 선생님은 "니가 왜 벌을 받는지 모르겠으면, 니네 엄마한테 직접 물어 봐라"라고 했다. 나는 그 사실을 어머니에게 말했지만, 반장을 한 번도 해보지 못한 우리 어머니도 무엇이 문제인지 도무지 알지 못한 채 "니가 뭔가 잘못했으니 벌을 받겠지. 선생님 말씀 잘 듣고 시키는 대로 해라"라는 답변만 내놓았다. 그 시절, 스승은 하늘 같았기 때문에 어머니는 감히 선생님에게 따질 생각조차 하지 못하셨다.

시간이 지나 소풍 가는 날이 되었고, 나는 내 도시락을 챙겨서 소풍을 갔다. 소풍 장소에는 몇몇 학부모가 따라와 있었다. 부모님 없이 온 친구들도 나를 포함해 꽤 많았지만, 특히 나를 경멸하듯 쳐다보던 담임 선생님의 눈초리는 수십 년이 지난 지금도 잊을 수가 없다.

소풍이 끝나고, 담임 선생님의 괴롭힘은 강도가 더 심해졌다. 아예 수업을 듣지 못하게 복도에 나를 세워 두었다.

내가 공부하고 싶다는 의사를 선생님에게 지속적으로 표현했기 때문에 2학기에는 일부 수업을 참관할 수 있었는데, 내가 받아쓰기를 항상 100점을 맞아 버리자 칸 노트에 문단 나누기를 시켜서 한 줄 띄우고 한 칸 띄우는 걸 포함해서 띄어쓰기를 틀릴 때마다 손바닥을 때렸다.

그때는 내가 잘못했다고 생각해 순순히 맞았는데, 지금 생각해 보면 문단 나누기는 고등학생 정도나 할 수 있는 것이었다. 그런 것을 만 9세짜리 반장에게 시킨 것은 말이 안 되는 행동이었지 않나 싶다.

스승의 날에 촌지를 줬어야 했다는 것과 소풍 때 반장인 나의 어머니가 선생님의 도시락까지 챙겨 가서 보필했어야 했다는 것을 깨달았을 때는 내 나이 이미 30대 중반이었다.

그런 식으로 거의 1년치 수업을 못 들은 나는 성적이 곤두박질칠 수밖에 없었고, 이때부터 나는 스스로 학업을 포기한 채 성경 공부에 집중하기 시작하였다. 만약 그때 정상적으로 수업을 들었다면 나는 어떤 삶을 살았을까?

마음을 다하여 여호와를 신뢰하고
네 명철을 의지하지 말라

앞에서도 언급했지만, 내 아이큐는 높은 편이었고 그것은 내가 성경 암송을 잘하는 토대가 되었다.

1991년 여섯 살 때 전 교인 앞에서 로마서 12장 전체를 암송하여 담임 목사님께 받았던 성경책에는 히브리어와 헬라어가 포함된 주석을 비롯하여, 성경에서 말하는 무게와 길이를 계산하는 도량형 환산표와 달력 보는 법은 물론, 화폐 단위 표와 함께 주요 성경 인물 146명의 프로필이 나와 있었다. 그 성경책은 컴퓨터가 없던 시절 나의 보물 1호로서, 내가 좌로나 우로나 치우치지 않고 열심을 품고 주를 섬길 수 있도록 길잡이가 되어 주었다.

나는 고신 교단에서 매년 실시하는 어린이 대회에서, 시찰대회를 넘어 경남노회와 전국대회까지 저학년 3년 동안은 성경 암송 대표로, 고학년 3년 동안은 성경 고사 대표로 나가 입상하였다. 우리 교회 자체에서 진행하는 성경 퀴즈 대회에서도 매회 1, 2, 3위를 다퉜다. 지금 생각해 보면, 그 시절 우리 교회 주일학교를 담당했던 강도사님은 성경 공부를 참 좋아하셨던 것 같다.

초등학생이던 그때는 분기별로 성경 암송 대회, 성경 퀴즈 대회, 성경고사 대회를 개최했고, 적게는 1년에 세 번, 많게는 1년에 여섯 번 정도 성경적 지식을 겨루는 행사를 실시했던 것으로 기억한다. 그 덕분에 초등학생 대부분의 성경적 지식이 평균 이상이었던 것 같다.

강도사님은 아무것도 모르는 우리를 모아 놓고, 뭔지 몰라도 그냥 들으라면서 몇 주간 소요리문답 강해를 설교해 주일학교 선생님들을 당황하게 만들기도 하고, 산상수훈이나 예수님이 십자가에서 하신 말씀들을 순서대로 가르치기도 하셨다. 출애굽시 열 가지 재앙을 순서대로 가르치며 재앙별 의미와 애굽 신들의 허무함에 대해 설명해 주기도 하고, 주기도문과 사도신경 빨리 쓰기 대회라든지, 십계명 암송 대회를 열기도 하셨다. 심지어 성경 퀴즈 대회에 교사들도 투입시켜 그분들도 공부할 수밖에 없는 환경을 만드는 등 성경적 지식을 전달하는 일에 굉장히 열정적이셨던 것으로 기억한다.

'사람의 제일 되는 목적은 하나님을 영화롭게 하며 영원토록 그분을 즐거워하는 것이다.'

나는 이걸 초등학교 5학년 때 배웠고, 그 강도사님을 통해 하나님을 아는 지식을 더 깊이 깨달을 수 있었다.

성경은 하나님의 감동으로 된 것으로 교훈과 책망과 바르게 함과 의로 교육하기에 유익해 하나님의 사람으로 온전하게 하며 모든 선한 일을 할 능력을 갖추게 한다.

초등학교 4학년 때 내 심비에 강하게 새겨진 이 말씀을 기둥 삼아 성경 읽기를 시작했고, 처음의 창세기가 어찌 그리 재미있던지 대여섯 시간에 걸쳐 마지막 50장까지 시간 가는 줄도 모르고 읽을 정도로 성경 읽기에 빠져들었다. 아무리 집중해서 읽어도 레위기에서 계속 막혔으나 건너뛸 생각은 하지 않았고, 그와 함께 창세기와 출애굽기를 계속 반복해서 읽어 나가며 한 걸음씩 성경 속으로 들어갔다.

6학년 때 사춘기가 시작되면서 나는 교만이라는 큰 죄악의 틀에 갇혀 버렸다. 그 시절 나는 교만을 넘어 오만한 자의 자리에 올라앉았던 것 같다.

로마서 암송으로 받은 나의 보물 제1호 성경책은 나의 성경적 지식을 동 나이대에서, 심지어 고신 교단 경남노회 전체에서도 상위 레벨로 올라가게 만들어 주었다.

인터넷도 없고 피시방이라는 게 생기기 전, 성경책도 쉬운 문장들로 번역되기 이전, 기독교 서점에서 관련 서적을 구입하지 않는 한 성경을 이해하는 데 한계가 있던 시절 어머니는 어린이날, 생일, 크리스마스 등 각종 기념일마다 나에게 기독교 서적을 선물해 주셨다. 그 덕분에 나는 성경 지식은 탁월했으나, 그것을 이해해 삶에 적용하는 지혜는 많이 부족했던 것 같다.

'나의 나 된 것은 오로지 주의 은혜라 나의 공로로 되어진 것이 전혀 없도다.'

내가 이 찬양을 좀더 빨리 알았더라면….

"나는 교만과 거만과 악한 행실과 패역한 입을 미워하느니라"(잠 8:13).

내가 이 말씀을 좀더 일찍 깨달았더라면, "내가 산을 향하여 눈을 들리라 나의 도움이 어디서 올까 나의 도움은 천지를 지으신 여호와에게서로다"(시 121:1-2)라는 고백을 스스로 할 수 있었을 텐데….

"다른 이로써는 구원을 받을 수 없나니 천하 사람 중에 구원을 받을 만한 다른 이름을 우리에게 주신 일이 없음이라 하였더라"(행 4:12).

"그의 이름은 기묘자라, 모사라, 전능하신 하나님이라, 영존하시는 아버지라, 평강의 왕이라 할 것임이라"(사 9:6).

"내가 그리스도와 함께 십자가에 못 박혔나니 그런즉 이제는 내가 사는 것이 아니요 오직 내 안에 그리스도께서 사시는 것이라 이제 내가 육체 가운데 사는 것은 나를 사랑하사 나를 위하여 자기 자신을 버리신 하나님의 아들을 믿는 믿음 안에서 사는 것이라"(갈 2:20).

"이는 만물이 주에게서 나오고 주로 말미암고 주에게로 돌아감이라 그에게 영광이 세세에 있을지어다 아멘"(롬 11:36).

이 말씀들을 제대로 이해했다면 그때 내가 미련하여 교만하지 않고 하나님 앞에서 온전하고 겸손하게 살았을 텐데….

6학년 때 나는 내가 성경을 많이 안다고 생각했고, 교회 선생님들조차 내가 신학교에 가서 목사님이 될 것이라고 이야기하곤 했다. 그러나 시편 23편의 말씀처럼 하나님은 자기 이름을 위하여 의의 길로 우리를 인도하시는 분인데, 나는 그 말씀을 읽기는 읽어도 그 의미를 제대로 깨닫지 못했다.

하나님의 이름이 아닌 내 이름이 높아지는 것을 본 강도사님이 나를 매우 강하게 꾸짖으셨다.

"정민이 너는 이 상태로 계속 가면 중학생이 되고 나서 하나님을 떠나게 된다. 너는 지금 니가 뭐가 문제인지조차 전혀 이해하지 못하고 있어."

그랬다. 나는 강도사님이 나를 쌀쌀맞게 대하시는 것이 이해되지 않았다. 내가 교만하다는 걸 인정할 수 없었다.

나는 그 상태로 중고등부로 올라갔다.

"욕심이 잉태한즉 죄를 낳고 죄가 장성한즉 사망을 낳느니라" (약 1:15).

내가 알고 지은 죄뿐 아니라 나도 모르게 교만해진 죄악들까지, 나의 욕심으로 시작된 그 모든 시간을 하나님 앞에 내려놓고 용서받기를 구한다.

02
질풍노도에 휩쓸린 중고등부 시절

전능하신
나의 주 하나님

    나의 중학생 시절이 시작되었다. 중학생 때도 왕따 캐릭터를 벗어나지 못하던 나에게 인생의 가장 중요한 순간이 찾아왔다.

    중학교 2학년 진급을 앞둔 겨울, 인근에서 제법 규모가 컸던 한 교회에서 경남 지역 연합 중고등부 수련회를 실시하였고, 나는 두 번째 중고등부 수련회에서 내 삶이 바뀌는 경험을 하였다. 사실 나는 그때까지 교회 수련회를 새로운 찬양을 배우고 서로 즐겁게 교제하는 행사 정도로만 생각하였다.

    2박 3일간 실시하였던 그 수련회의 마지막 결단의 밤. 다들 소리 내어 뜨겁게 기도하고 있었고, 드물지만 방언을 하는 고등학생도 있었다. 물론 그 당시 나는 그들을 매우 이상한 사람이라고 생각하며 방관하고 있었지만 말이다.

강사 목사님께서 말씀하셨다.

"이때까지 한 번도 하나님을 인격적으로 만나 보지 못한 학생은 손을 들어 보세요."

무슨 소리인지조차 이해하지 못했던 나는 몇몇 사람이 손을 드는 것을 보고 따라서 손을 들었다. 목사님은 하나님을 만나기 위해서는 먼저 회개 기도가 있어야 한다고 하셨다.

문득 궁금해졌다.

'하나님을 만난다는 게 뭐지? 여기에 강림한다는 건가? 하나님을 볼 수 있다는 건가?'

그러고는 목사님이 시키는 대로 회개 기도를 하기 시작했다. 내가 그동안 살면서 지은 모든 죄 하나하나를 기억을 더듬으며 하나님 앞에 이야기하기 시작했다. 만일 우리가 우리 죄를 자백하면, 그는 미쁘시고 의로우사 우리 죄를 사하시며 우리를 모든 불의에서 깨끗하게 하실 것이라는 말씀처럼, 내 평생에 처음으로 입술을 열어 내 죄악을 고백하기 시작하였다.

그전까지는 기도란 마음속으로 되뇌는 것이라 생각하여 입 밖으로 꺼내지 않았는데, 그날로 내 기도 방식이 바뀌었다. 사람이 마음으로 믿어 의에 이르고 입으로 시인하여 구원에 이른다고 하셨기에, 입술을 열어 내 죄를 자백하고 예수를 주로 고백하자, 기도를 내가 하는 것이 아니라 성령이 말하게 하심을 따라 함으로 기도가 나의 간증이 되고 찬송이 되었다.

목사님이 산상수훈에 빗대어 말씀하시기를, '마음이 청결한 자는 복이 있나니 그들이 하나님을 볼 것임이요'라는 말씀처럼 '정결한 마음을 주시옵고, 정직한 영을 새롭게 하여 주시옵소서'라고 기도하라고 했다. 나는 그 말씀대로 기도하였다.

목사님은 또 "너희는 여호와를 만날 만한 때에 찾으라 가까이 계실 때에 그를 부르라", "보라 지금은 은혜 받을 만한 때요 보라 지금은 구원의 날이로다", "나를 사랑하는 자들이 나의 사랑을 입으며 나를 간절히 찾는 자가 나를 만날 것이니라" 등 성경 말씀을 인용하여 우리가 하나님을 찾을 수 있게 영접 기도를 하도록 인도하셨다. 그리고 "내가 문밖에 서서 두드리노니 누구든지 내 음성을 듣고 문을 열면 내가 그에게로 들어가 그와 더불어 먹고 그는 나와 더불어 먹으리라"는 말씀처럼 우리 마음의 문을 열어 하나님의 임재를 경험하도록 도와주셨다.

나는 어릴 때부터 듣고 읽었던 성경 말씀들을 하나하나 기억해 내면서 하나님을 향해 아뢰기 시작하였다.

"하나님, 솔직히 저는 하나님을 만난다는 게 뭔지 잘 모릅니다. 처음엔 그냥 하라고 해서 시작했는데, 하나님을 만난다는 것이 어떤 것인지 궁금해졌습니다. 저는 오늘 이 밤에 하나님 만나기를 원합니다. 아니, 만나기 전에는 집으로 돌아가지 않을 생각입니다. 간절히 기도한다는 것은 간을 절단하는 심정으로 기도한다는 거라죠? 오늘 진짜 간을 절단하는 심정으로 한번 기도해 봅니다. 제가 말입니다, 뭐 아시겠지만, 하루하루 사는 게 진짜 사는 게 아닙니다. 잃을 게 없는 놈이니 오늘 만나 주시지 않으려면 그냥 이 자리에서 저를 죽이십시오. 어차피 하나님이 저를 구원해 주지 않는다면 저에게 내일은 없습니다. 그러니 만나는 게 뭔지 잘은 모르겠지만, 제발 좀 만나 주십시오. 저는 오늘 꼭 하나님을 만나야겠습니다."

꽤 오랜 시간 나는 이렇게 기도했다.

얼마의 시간이 지났을까, 눈물이 앞을 가려 시야가 흐릿해질 때쯤 하늘에서 스포트라이트 같은 밝은 빛이 나를 비추기 시작했다. 나는 교회 관계자가 실수로 불을 켰다고 생각했다. 기도 장소가 어둡긴 해도 주변 사람들을 확인할 수 있을 정도여서 캄캄한 것은 아니었지만, 위에서 내려오는 빛은 매우 강렬했다.

가만히 눈을 뜨고 주위를 둘러보았는데, 많은 학생이 위에서 내려오는 빛에는 상관하지 않은 채 기도에 몰두하고 있었다.

'왜지? 다들 저 빛이 안 보이는 건가? 이렇게 밝은데 다들 기도만 하고 있네?'

아리송한 표정을 지으며 위를 올려다보는 순간 우레와 같은 음성이 내 마음속에 크게 울려 퍼졌다.

"나는 네가 알고 있는 아브라함의 하나님, 이삭의 하나님, 야곱의 하나님이다. 앞으로 너의 하나님이 되어 주겠다."

그 순간, 살면서 느껴 보지 못한 말도 안 되는 황홀함이 머릿속을 지배하였다. 정수리, 그러니까 한의학에서 백회혈이라고 불리는 그곳이 열리는 느낌이 나면서 성경 말씀들이 팝콘처럼 튀어 나가기 시작하였다.

멍하니 서서 넋이 나간 채로 위를 올려다보고 있었는데, 갑자기 팝콘처럼 머리에서 튀어 나간 말씀들이 무슨 뜻인지 전부 이해되기 시작하였다. 어릴 때는 무슨 뜻인지 모르고 읽었던 말씀들이지만 그날부터는 성경을 읽으면 그것이 무엇을 의미하는지 하나하나 알 수 있게 되었다. 그리고 그때 비로소 알 수 있었다. 내가 다섯 살 때 만난 그분이 성령님이셨다는 사실을.

그 시간 그곳에는 '물이 바다 덮음같이'라는 찬양이 울려 퍼지고 있었다. 천장이 너무 밝아 제대로 볼 수 없었지만 스포트라이트는 나만 비추고 있었고, 나는 그 찬양을 따라 부르기 시작했다.

그리고 몇 초가 지났을까, 내 앞에 있던 우리 교회 사람들이 일제히 나를 쳐다보기 시작했다. 나는 물음표가 가득한 표정으로 그들을 마주했고, 그들은 매우 놀란 표정으로 나를 바라보았다. 그제야 인지하기 시작했다. 내 목소리가 바뀌었다는 사실을.

나는 어린 시절에 피아노를 배웠지만 심각한 수준의 음치였다. 초등학교 5학년 때쯤이었던 것 같다. 함께 찬양하던 어린이 성가대 대원들이 나에게 부탁했다.

"정민아, 정말 미안한데, 너하고 같이 찬양하는 게 너무 힘들어. 성가대에서 좀 나가 주면 안 되겠니?"

그 부탁은 나에게 큰 상처가 되었고, 그때부터 나의 기도 제목은 노래를 잘하는 사람이 되는 것이었다. 그리고 이 기도는 중학교 2학년 때의 수련회 그 자리에서 단번에 이루어졌다.

하나님을 인격적으로 만난 그 순간, '물이 바다 덮음같이'를 만들고 부르신 고형원 선교사님의 목소리와 비슷한 중저음으로 내 목소리가 완전히 바뀌다. 그렇게 나는 수련회에서 말도 안 되는 값진 경험과 내 인생을 바꾸는 선물을 받고 집으로 돌아왔고, 이제 내 삶이 변화를 받아 하나님의 뜻대로 승리하며 살아갈 수 있으리라 생각했다.

그런데 수련회를 마치고 집으로 돌아온 나를 기다리고 있었던 것은 아버지의 가정 폭력이었다.

정확한 내용은 기억나지 않지만, 아버지와 어머니는 크게 싸우셨고, 그 싸움은 꽤 오랜 시간 이어졌으며, 어머니는 결국 집을 나가셨다. 어릴 때는 왜 그런지 몰랐으나 그것이 아버지를 흔들어 나를 혼란케 하는 사탄의 시험이었음을 크고 나서야 알 수 있었다.

아버지는 자는 나를 깨워 어머니를 찾아오라고 시켰지만 내가 할 수 있는 일은 없었다. 나중에 어머니가 돌아오시긴 했지만, 시간이 지날수록 가정불화가 발생하는 빈도수가 높아져 갔다.

"하나님, 난 왜 늘 이래야 하는 거죠? 그냥 여기서 죽으면 안 될까요? 내가 왜 죽지 않고 살아서 이걸 봐야 하는 거죠? 내 숨을 지금 거두어 가시면 좋겠습니다."

그 당시 기도 제목은 이것뿐이었다. 정말 살기가 싫었다.

이때 식습관도 크게 바뀌었는데, 반찬으로 김치만 먹거나 국을 안 먹는 등 스스로 먹는 양을 줄였다. 식비 지출이 줄어야 부부싸움도 줄어들 것이라는 내 나름의 생각이었다. 하지만 그때는 미처 몰랐다. 그것이 재난의 시작이라는 사실을….

궁핍과 환난과
학대가 있었으니

 3월이 되어 학교로 돌아갔을 때, 나에겐 어마어마한 학교 폭력이 기다리고 있었다.

 중학교 2학년, 새 학기를 맞이하는 새 출발선에서 내 인생에서 나를 가장 많이 괴롭힌 녀석과 같은 반이 되었다. 싸움을 잘하는 놈은 아니었지만, 그 녀석 뒤에는 싸움 잘하는 애들이 많았다.

 요즘과는 다르게 학생 인권이 없던 시절, 나는 생체실험에 가까운 고문을 많이 받았다. 세면대에 머리를 박는 물고문과 더불어 전기 고문도 받았고, 청테이프로 몸의 털이 다 뽑히는 고문도 받았으며, 커터 칼로 여러 군데 칼자국이 나기도 했고, 손가락과 손등에는 컴퍼스에 찍힌 자국이 선명했다. 상처가 다 낫지 않은 손을 소독해 준다며 스포이드에 있던 묽은 염산을 떨어뜨렸을 때 이를 악물고 그 통증을 버틴 건 아직도 기억에 남아 있다. 일상적으로 폭력에 노출되었고, 신체적·정신적 고통은 상상 그 이상이었다.

안구 적출을 시도했던 적도 있었으나 눈이 그렇게 쉽게 빠지는 것은 아니었기 때문에 통증만 남기고 넘어갔고, 침을 놓아 준다며 몸에 바늘을 꽂기도 하고, 줄넘기를 목에 감고 매달기도 했다. 그 당시 유행하던, 경동맥을 강하게 눌러 기절시키는 놀이의 대상이 되기도 했다.

이런 일을 겪으며 어린 나이에 감당하기 어려운 상처가 몸과 마음에 새겨졌다. 나는 마음속으로 열심히 하나님을 불렀으나 아무런 대답도 들을 수 없었다. 스스로 삶을 반쯤 포기하고, 몸의 힘을 빼고 맞는 데 익숙해지고 있었다.

그날도 여지없이 경동맥을 압박당했다. 기절하기 직전, 여느 때와 다름없이 눈이 스르르 감기고 머릿속이 아득하게 멀어지는 순간, 내가 살아온 과거의 모든 시간이 마치 두루마리처럼 넓게 펼쳐지면서 영화 필름처럼 빠르게 돌아갔는데 그것을 보고 있자니 갑자기 정신이 맑아졌다. 나는 어두운 공간에 있었다. 보는 것 외에는 아무것도 느껴지지 않았고, 내가 서 있는지 혹은 떠 있는지조차 알 수 없었다.

갑자기 말로 표현할 수 없는 느낌 곧 따뜻함, 경외감, 신비함, 두려움, 위대함, 놀라움, 존귀함 등 여러 가지가 뒤섞인 오묘한 감정이 나를 덮었다. 그걸 뭐라고 해야 할지…. 모든 게 설명이 가능한 대한민국의 언어로도 표현하기 힘든 매우 복잡한 감정이었다.

그런 사랑의 감정들에 둘러싸여 황홀함에 빠진 순간 저만치 매우 강렬한 빛이 보였고, 나는 터널을 지나듯 그곳을 향해 나아갔다.

그 잠깐의 시간이 실제로 얼마나 지났는지는 모르겠다. 그 빛을 통과했을 때 내 눈앞에 보인 것은 나를 괴롭히는 자들의 발길질이었다. 그들의 말로는 내가 깨어나지 않아 나를 깨우기 위해 발로 걷어차는 중이었다고 했다. 나는 그 이후로 그와 똑같은 경험을 한 번 더 했다.

훗날 세월이 흐른 뒤, 나는 내가 본 것이 사람들이 흔히 말하는 임사 체험과 관련이 있다는 것을 알았다.

죽음. 자살은 그 시절, 사춘기의 내가 고통에서 해방될 수 있는 유일한 탈출구였다. 어머니는 학교 폭력이 얼마나 심한지 이해하지 못했고, 아버지와 대화를 나누는 것은 그 당시 나에게 매우 어려운 숙제였다.

그 무렵 나는 친한 친구와 함께 뒷동산에 있는 탑에 올라갔다. 집의 가정 환경이 좋지 않고, 학교에서도 생체 실험에 가까운 폭력을 계속 당하다 보니, 정신이 피폐해져 갔고 결국 삶을 내려놓기로 결정했다.

9층에서 3층까지 머리부터 떨어지면 무조건 죽을 수 있었다. 내가 누구누구 때문에 죽음을 선택한 것이라고 유언까지 작성해 놓고 마음의 준비를 한 그때, 친구가 담배를 내밀었다.

"이거 하나 피우고 다 털어 버리자."

그날 태어나 처음 피워 본 하찮은 담배 한 개비는 자살을 막아 나의 수명을 연장시켜 주었다. 만약 그때 충동적인 결정으로 삶을 마감했다면, 내 인생은 정말 비참한 기록만 남긴 채 그렇게 사라졌을 것이다.

내가 수련회에서 만난 하나님은 침묵하셨고, 내 몰골이 피폐해지자 교회에서의 내 위치도 흔들렸다. 나는 친구를 따라 세상을 겉돌았으며, 교회에는 출석만 하고 헌금은 모두 피시방에 갖다 바쳤다. 6학년 2학기. 내가 교회를 떠날 거라고 했던 강도사님의 말씀처럼, 나는 사실상 교회를 떠나다시피 했다.

나는 초등학교 4학년 때부터 2년간 했던 태권도를 다시 시작했으나, 모든 부분에서 자신감이 부족했던 나에게 당장 큰 도움이 되지는 못했다. 딱히 좋은 방법이 없었던 나는 미래를 위한 투자라 생각하며 모든 음식을 골고루 많이 먹고 꾸준히 운동하면서 하루하루를 참아 냈다.

그렇게 중학교 3년을 초주검이 된 상태로 이 악물고 버티는 사이, 성적도 바닥을 기었다. 초등학교 저학년 때 평균 95점 이상을 유지했던 사람이라고는 보기 힘든 성적표. 중학교 성적은 평균 60점도 되지 못했다.

어느 순간부터 학교 정규 수업조차 따라가지 못했다. 학원도 다니지 않았던 내가 학교 폭력에 시달리기까지 하니 공부가 제대로 될 턱이 없었다. 소위 일진들 노트 필기를 대신 해주느라 내

노트는 늘 백지 상태였고, 교과서를 돌려받지 못해 책 없이 수업 듣는 날이 부지기수였다. 실내화는 구매해 봤자 바로 빼앗기기 때문에 늘 맨발로 다니느라 발은 늘 상처투성이에 겨울이면 동상에 걸린 상태로 보냈고, 체육복은 몇 반에 가 있는지 나도 잘 몰랐다. 그나마 책 읽고 옳은 것만 찾아 적으면 되는 국어나 도덕 같은 경우는 70점 이상 나왔는데, 다른 과목은 공부를 제대로 할 수가 없으니 성적도 잘 나올 수 없었다.

지옥 같은 중학교 생활에서 그나마 자유를 느낄 수 있었던 시간은 잠자는 시간이었는데, 사실 그마저도 스트레스성 장염 때문에 숙면을 할 수 없었다. 잠을 깊이 자지 못해서인지 거의 매일 꿈을 꾸었다. 이상한 꿈도 있었지만, 꿈속에서 꿈인 것을 인지하는 자각몽을 꾸는 빈도가 늘어났다.

한번은 내 모교인 초등학교 운동장에 있었는데 축구공을 가지러 집으로 돌아가다가 이것이 꿈인 것을 알았다. 그래서 축구공을 가져온 뒤 운동장에서 오버헤드킥과 발리킥만 수십 번을 연습했다. 꿈이라서 하나도 아프지 않았기 때문에 꿈에서 깰 때까지 오버헤드킥은 물론 프리킥, 코너킥, 골대 맞히기 등 정말 열심히 축구 연습을 했다. 다음 날, 현실에서 똑같이 오버헤드킥과 발리킥은 물론 헛다리 짚기까지 성공할 수 있었다. 내 축구 실력은 정말 아무것도 못 하는 그냥 F등급 그 자체였는데, 그날로 하루 만에 몇 가지 스킬을 터득해서 쓸 수 있게 되었다. 학교 점심시간에 몇 가지를 선보인 결과, 어디서 이런 걸 갑자기 다 배워왔냐는 식의 질문들과 함께, 생긴 것에 비해 축구를 잘한다는 이유로 축구할 때마다 수비수로 뛸 수 있게 되었다.

  그 이후로도 꿈속에서 꿈나라 사람들과 언쟁하거나 싸우기도 하고, 그날 하루뿐이긴 했지만 꿈속에서 이성 친구를 사귀어 같이 산책을 해보기도 하였다. 그렇게 꿈과 현실의 경계가 거의 허물어지며 둘 사이를 헷갈리기 시작할 즈음에 나의 중학교 생활도 막바지를 향해 달려가고 있었다.

광야를 지나며

지옥 같았던 중학교 생활을 마치고 고등학교에 입학한 날.

"우리 학교 소문은 익히 들어서 알 거다. 선배들이 때려도 말려 줄 수 없으니 알아서들 처신 잘해라."

학생주임 선생님의 충격적인 훈화 말씀은 마흔이 다 된 지금도 잊히지 않는다. 나는 중학교 시절 나를 괴롭힌 아이들을 피하기 위해 지역에서 가장 평판이 좋지 않은 고등학교로 진학했다. 내 고등학교 선배들은 재학생부터 졸업생들까지 전통적으로 지역에서 알아주는 주먹들이 많았는데, 내 또래 불량배들은 그 선배들이 겁나서 내가 있는 고등학교로는 아무도 진학하지 않았다. 그 덕분에 나는 하이에나를 피해 사자 무리에 숨은 사슴처럼 꽤 편하게 고등학교 생활을 할 수 있었다.

공부를 안 하는 학생이 대부분이었던 우리 고등학교의 특성상, 교과서만 열심히 보아도 좋은 성적이 나올 수 있었기 때문에 고등학교 1학년 때 처음 치른 시험에서 나는 전교 10등 안에 들었고, 그때부터 다시 신경 써서 공부하기 시작하였던 것 같다.

교내 불량배들은 의외로 소수였고, 그들도 성적이 잘 나오는 자기 학교 학생과는 마찰을 일으키려 하지 않았기 때문에 나의 고등학교 시절 3년은 중학교 시절과 비교했을 때 천국에 있는 것이나 다름없었고 나는 그 3년 동안 매우 행복하게 학교 생활을 할 수 있었다.

내가 고등학교 3학년이었을 때 '수시 모집'이라는 입시 시스템이 최초로 도입되었다. 나는 수시 모집의 혜택을 보며 처음으로 수능을 치르지 않고 대학에 진학하는 1세대가 되었다. 단지 가족과 친척들은 그 당시 아무도 이 시스템을 이해하지 못했기 때문에 나는 수시 모집에 합격하는 그날까지 억지로 수능 공부를 해야 했다는 웃지 못할 추억도 남아 있다.

 그 당시 수시 모집은 고등학교 3학년 1학기 성적으로 평가하였는데, 정말 그것도 운명인지 그 학기 나의 성적은 전교 2등이었고, 덕분에 장학금까지 받았었다. 교장선생님이 개인적으로 불러 추천서를 써줄 테니 좋은 대학에 진학해 보라고 하였다. 당시 교장선생님 추천서는 경쟁률과 상관없이 원하는 대학에 갈 수 있는 프리 패스였다. 서울에 있는 대학까지는 기대하지 않았으나, 개인적으로는 부산의 명문 대학에 가고 싶었다. 그런데 가정 형편이 발목을 잡았고, 결국 나는 작은 사립형 전문대학 딱 한 군데에 수시 원서를 넣고 거기에 합격했다.

 사실 이 결정은 세월이 지난 지금도 매우 후회되는 결정으로 남아 있다. 그때 조금이라도 나에게 조언해 줄 만한 사람이 있었더라면, 내가 그 시절 교회 생활을 조금만 성실하게 했더라면, 아마 나는 신학교에 들어가 성서고고학을 전공했을 것이다. 그러나 당시에는 성서고고학이라는 학문이 있는 줄도 몰랐고, 교회 목사님조차 내 대학 진학에는 크게 관심이 없었기 때문에, 나는 교장선생님 추천서라는 굉장한 도구를 가지고도 좁은 시각과 단순한 판단으로 마산에 있는 작은 사립 대학의 경찰행정과에 들어갔다.

교회를 멀리하고 세상과 타협하며 살던 시절, 수시 모집으로 대학에 합격했다는 게 그렇게 행복한 시간을 가져다줄 줄 몰랐다. 아마 나의 초중고 학창 시절 전체를 통틀어 가장 아름다웠던 학교 생활이 아니었나 싶다.

학교 선생님들도 학업 성적 우수자 몇 명이 수시모집 1차에 합격했다면 사실상 목적을 이룬 것과 다름없다고 생각했는지, 나를 비롯한 몇 명의 학생이 대학에 합격하자 그때부터 자율 학습을 실시했다.

아침에 등교하면 오전 내내 독서 시간이 주어졌다. 나는 고등학교 1학년 때 친구를 통해 처음 알게 된 판타지 장르에 빠져, 판타지 소설만 왕창 빌려와 정규 수업 오전 시간 내내 그것만 읽었다. 그런 나의 모습을 모든 선생님이 매우 흐뭇하게 바라보셨다. 이게 얼마나 웃기는 이야기인지, 지각하지 않고 정시에 등교하고, 도망치지도 않고, 사고 치지도 않고, 담배 피우지도 않고, 떠들지도 않고, 잠을 자지도 않고 조용히 앉아 그것도 책이라고 열심히 읽으니 얼마나 기특한지 모른다는 반응이었다. 고작 판타지 읽으면서 이렇게 칭찬받을 수 있다는 사실에 웃음이 나오지 않을 수 없었다.

오전에는 독서 시간을 갖고, 점심 시간이 지나면 모두 다 축구나 야구를 하러 운동장으로 나갔다. 나는 아무래도 꿈속에서 익힌 축구 기술들이 있다 보니 유일하게 좋아하는 구기 종목이 축구라서 오후 내내 축구를 하며 놀았던 것으로 기억한다.

어린 시절 나의 축구 실력은 정말 형편없었지만, 반복되는 자각몽을 통해 계속해서 축구 연습을 이어 나갔고, 중고교 육상 유망주였던 아버지와 태권도 유단자였던 어머니의 유전자 덕분인지 1.8킬로그램의 미숙아로 태어났음에도 불합리한 조건들을 극복하고 축구 실력을 끌어올릴 수 있었다.

"저놈 진짜 신기한 놈이다. 공부를 저렇게 하면서 축구까지 잘하기는 쉽지 않은데…. 리프팅은 세 개도 못 하면서 고급 스킬만 계속 쓰는 걸 보면, 뭔가 기초는 하나도 안 되어 있고 몇 단계를 건너뛴 느낌인데, 저런 건 도대체 어디서 배워 온 건지…."

"그러니까 말이야. 코너킥을 오버헤드킥으로 받아 넣는 게 안 배우고 할 수 있는 게 아닌데, 크로스도 돌려차기로 받아 넣어 버리고 롱패스도 정확하게 잘하더만."

"점마, 그 세팍타크론가 하는 거 배운 거 아니가?"

"그건 아닐걸? 저번에 보니까 족구는 또 정말 못하던데."

"아, 그래, 트래핑을 못하니까 족구공 받는 것도 못하겠네."

"날아오는 공 받는 거 자체를 아예 못하던데, 아무튼 진짜 신기한 놈이다."

기본 기술은 하나도 없으면서 상황에 안 맞는 고급 스킬을 자꾸 남발하니, 공을 조금 차는 친구들 사이에서 나는 연구 대상으로 분류되어 있었다.

학교 일정을 마치고 집으로 돌아오면 저녁까지 컴퓨터 게임에 빠졌다. 아버지는 대학에 합격했으니 미리 공부를 하라며 잔소리를 하셨지만, 경찰행정학이 어디서부터 뭘 어떻게 공부해야 하는지도 전혀 알지 못했던 나는 차일피일 미루며 게임에 열중했다. 그러다 마지못해 도서관에서 헌법과 관련된 책을 빌려오긴 했지만 책을 펴자마자 잠이 들어 버렸다.

우리 고등학교의 전교생은 100명도 못 되었는데, 학교 평판이 낮아 내가 처음 입학할 때도 50명 남짓 입학한 것으로 기억한다. 외부에서 전학을 오면, 전학생 대부분이 통제가 안 되는 꼴통 양아치라서 한바탕 싸움이 벌어지는 건 일상적인 행사 중 하나였다. 그러다 전학을 가기도 하고, 자퇴를 하는 경우도 생기고, 혹은 학교 차원에서 퇴학을 시키는 경우도 있어서 실제로 졸업하는 학생은 입학할 때 인원의 절반도 되지 않았다.

그러다 보니 항상 신입생이 재학생보다 많을 수밖에 없었고, 전체가 100명이 되지 못해 골든벨 한번 나가 볼 수도 없었다는 웃기고도 슬픈 기억이 있다.

그래서 학교에는 은근히 빈 교실이 많이 있었고, 자율 학습이나 여가 활동 및 방과 후 특별 활동이 활성화되어 있었다. 내가 재학하던 당시에 학교에서 기존의 독서실을 리모델링하여 새로운 서적을 구입한 적이 있었다.

"지금부터 여러분에게 나눠 준 종이에 보고 싶은 책의 제목들을 적어 봐라. 단, 만화책은 안 된다."

나는 기억나는 여러 위인의 이름과 각종 판타지 소설 제목을 적었다.

"더 없나?"

대부분의 학생이 책에 큰 관심이 없었기 때문에 신청한 책이 적을 수밖에 없었다.

"너희들 적는 거 보니까 안 되겠다. 만화책도 적어 봐라."

결국 학교 독서실이 일반 서적 및 판타지와 무협지가 절반, 나

머지 절반은 만화책으로 가득해졌다. 그뿐 아니라 당구장과 탁구장 및 헬스장과 노래방 등 취미 생활을 즐길 수 있는 시설들도 있었고, 컴퓨터실도 새롭게 개편되어 성능 좋은 컴퓨터들로 채워졌다.

어머니는 내가 고등학교 1학년 때 집을 나가셨다. 어린 시절 책을 많이 읽고 학업 성적도 우수했던 나에게 큰 기대를 했으나 점점 추락하는 나의 성적에 마음이 많이 상하셨고, 아버지와의 마찰 등 여러 이유가 중첩되던 중에 나의 삼류 고등학교 입학은 어머니에게 마지막 희망까지 놓아 버리게 만들었다. 결국 어머니는 외가로 떠나셨다.

어머니가 떠나고 나와 동생은 할머니와 아버지 밑에서 자랐다. 아버지는 어머니가 떠난 시점부터 술과 담배도 모두 끊고 우리를 지극 정성으로 보살피기 시작하셨다.

내가 힘든 사춘기를 보내며 세상 가운데서 유리하면서도 완전히 타락하지 않은 것은 바로 할머니의 기도 때문이었다. 할머니는 나의 학교 생활과 방황하는 시간을 알지 못하셨지만, 그럼에도 하나님 앞에서 가장 옳은 제목으로 나를 위해 계속 기도해 주셨다.

그즈음 아폴로 눈병이라는 매우 독한 바이러스가 유행했는데 나도 이 병에 걸려 며칠간 결석할 수밖에 없었다. 아폴로 눈병은 유치원과 초등학교를 개근으로 졸업하고, 중학교는 등교 중 버스 운전기사가 접촉 사고로 다른 사람과 싸우는 바람에 정근으로 졸업한 내가 고등학교에서는 출결 관련 상장을 받을 수 없는 원인이 되었다.

나는 가족들에게 옮기지 않도록 격리한다는 핑계로 집에서 창고로 분류되는 작은 방에 사실상 감금되었고, 유명 판타지 소설 20권을 빌려와 밤을 새워 읽기 시작했다. 창고라 조금 싸늘했으나 사각사각 지나가는 바퀴벌레들을 친구 삼아 끼니마다 넣어주는 밥을 먹으며 중고등학교 시절 통틀어 가장 행복한 독서 시간을 보냈다.

깊은 방황과 시련 끝에
다시 하나님을 찾다

고등학교 시절은 세상 속에서 만족과 행복을 찾으며 방황하던 세월의 연속이었다.

중학교 2학년 2학기부터 고등학교 2학년 2학기 때까지는 겨우 교회에 출석만 했던 것 같다. 말씀을 붙잡고 살아 보려고 노력한 시간도 있었지만, 여러 각도에서 나에게 바람을 불어넣는 사탄과 세상에서 함께 어울렸던 친구들은 내가 교회에 다닐 수 있게 내버려두지 않았다. 성경 말씀을 읽어 보려고 성경을 펼쳐도 집중이 되지 않았고, 기도를 해도 잡다한 생각이 머리를 지배했다.

그래도 중고등부 성경 퀴즈 대회에는 꾸준히 참석했는데, 내가 세상에서 방황하면서도 성경 퀴즈 대회에서는 매번 1등을 하니 주변에서 말이 많이 나왔다. 그래서 나는 아는 문제가 나와도 다른 사람들에게 양보하거나, 새신자 혹은 성경 지식이 가장 취약한 팀에 소속되어 문제를 풀곤 했다. 그럼에도 내가 소속된 팀이 1등을 하는 날에는 나를 시기하고 질투하는 사람들의 시선을 감당해야만 했다.

아는 문제를 안 풀면 교만하다고 수군거리고, 혼자서 다 풀어버리면 재수 없다는 이야기가 들려오다 보니, 고등학교 2학년 2학기 때부터 성경 퀴즈 대회가 있는 날에는 그냥 교회에 가지 않고 집에서 쉬었다.

이렇듯 가고 싶은 날만 골라 교회에 다니며 사실상 제멋대로의 사춘기를 살아가던 내가 정신을 차린 건 고등학교 3학년 때 수능 시험이 끝나고 얼마 뒤였다.

크리스마스가 얼마 남지 않은 어느 주일 오후 2시, 중고등부 예배에서 내가 앉는 자리는 가장 뒷자리였고, 평판이 좋지 않은 고등학교에 다닌다는 이유로 후배들의 기피 대상이 되어 내 주변에는 아무도 앉지 않았다. 예배가 시작되고 멍하니 땅만 바라보던 그때, 갑자기 지나온 모든 시간이 하나하나 생각났고, 나는 입을 열어 하나님께 아뢰기 시작하였다. 내 주변에 앉은 이가 없어서 오히려 마음 편하게 기도할 수 있었다.

"하나님, 내가 어디서부터 잘못된 걸까요? 나는 다시 돌아갈 수 있을까요? 너무 멀리 온 것 같습니다. 찬양 가사처럼, 다시 주님의 얼굴을 내 영혼이 볼 수 있도록 나를 구원하소서. 다시 주님의 임재 가운데 내 영혼이 살 수 있도록…."

그렇게 기도하고는 눈을 들어 내 성경책을 잡고는 다시 한번 아뢰었다.

"하나님, 믿음의 역사를 신뢰하노니, 기드온의 기도를 들으시는 하나님이 오늘 이 자리에서 내 기도도 들으실 줄을 믿나이다. 이제 눈을 감고 성경을 펼칠 때 내게 가장 먼저 보이는 성경 말씀이 지금 이 순간 내게 주시는 하나님의 말씀인 줄 알겠나이다."

이어 눈을 감고 천천히 성경책을 펼치고는 조금씩 눈을 떠 아래를 내려다보는데 평소에는 그냥 지나쳤던 말씀, 야곱이 벧엘에서 하나님을 만났을 때 하나님께서 하신 말씀이 내 눈에 들어왔다.

"내가 너와 함께 있어 네가 어디로 가든지 너를 지키며 너를 이끌어 이 땅으로 돌아오게 할지라 내가 네게 허락한 것을 다 이루기까지 너를 떠나지 아니하리라 하신지라."

창세기 28장 15절 말씀을 읽는 순간 등골이 오싹해지며, 식은 땀이 줄줄 흐르고, 심장이 두근거리며, 온몸이 덜덜 떨려왔다. 경외감. 나는 그 순간 내 바로 등 뒤에 주님이 계셨다고 확신한다.

나의 등 뒤에서 나를 도우시는 주
나의 인생길에서 지치고 곤하여
매일처럼 주저앉고 싶을 때 나를 밀어 주시네
일어나 걸어라 내가 새 힘을 주리니
일어나 너 걸어라 내 너를 도우리

쉴 새 없이 흐르는 눈물을 휴지로 계속 닦으면서 입을 열어 기도하기 시작했다. 나는 그날로 다시 새로운 인생을 살아갈 힘을 얻었다.

03
은혜로 말미암아
회복된 대학 생활

하나님의 전신갑주를
입으라

나는 바뀌었으나 교회에서의 내 평판과 인지도는 바뀌지 않았다.

나는 어정쩡한 고3의 마지막을 그렇게 보내고는 인근에 있는 전문대학에 진학하였다. 지금처럼 인터넷이 발달하지도 않았고 유튜브라는 게 막 생기기 시작한 시점이라 대학 생활에 대한 정보를 얻는 것이 지금보다 제한적이었다. 나 역시 적극적으로 무언가를 알아보려고 하지 않았다.

마침 같은 대학에 다니고 있던 교회 누나가 이제 막 입학하여 대학 생활이 낯선 나를 이끌고는 반강제로 SFC라는 기독교 동아리에 집어넣어 버렸다. 동아리 선배들은 SFC가 뭔지도 몰랐던 나에게 친절하게 대해 주었고, 나는 태어나서 처음으로 가족이 아닌 다른 사람에게 관심과 사랑을 받게 되었다.

내가 다니던 대학은 전문대학 중에서도 규모가 작은 편에 속했기에 동아리 역시 인원수가 많지 않았고 SFC의 상황도 다르지 않았다. 기독교 동아리에서 내 또래는 서너 명 정도에 불과했고 그나마도 오는 둥 마는 둥 했다. 간혹 얼굴을 비치는 여학생이 두 명 있긴 했지만, 얼굴을 비치고는 어디론가 사라지기 바빴다. 그러다 보니 또래 중에서 매주 화요일에 있던 큰 모임에서 예배드리는 건 사실상 나 혼자였다. 본의 아니게, 선배들은 나에게 무언가 기대하는 눈치였고, 그래서 나는 동문 선배들까지 모아놓고 내 입장을 이야기해야만 했다.

"선배님들, 저는 양아치였습니다. 교회도 잘 안 나가고, 담배 피우고 다니고, 교회 앞마당에 가래침 뱉고 다니고, 예배는 가는 둥 마는 둥 하며 헌금으로 게임하기 바빴던 사람입니다. 제가 여기서 무언가 직책을 맡는다는 건 저 스스로도 납득할 수 없는 일입니다. 저는 지금처럼 조용히 혼자 SFC 활동을 하는 것이 좋습니다."

"인마, 그러니까 니가 해야 하는 거야. 너 교만하지 않잖아? 우리도 알아, 너 소심하고 말 없고 앞에 나서는 거 못 하는 거. 그런데 하나님은 너 같은 놈을 들어서 쓰시는 거다. 기도해라. 니가 자신감이 넘쳤으면 우리가 오히려 걱정했을 거다. 모세에게 아론을 붙이셨듯, 하나님이 니 옆에 너 대신 말한 사람을 붙이실 거니까 마음을 강하게 해. 성경도 그만큼 많이 아는 놈이 쫄기는 왜 쫄아!"

나는 대학에 입학한 지 3개월 만에 내 의지와 상관없이 SFC 총무라는 자리를 맡았다.

"하나님, 두렵습니다. 제가 무엇을 해야 하는지도 모릅니다. 저 좀 도와주십시오."

그때부터 매일 하나님께 기도하고 필사적으로 매달렸던 것 같다.

"하나님, 왜 이런 상황이 된 건지 잘 모르겠습니다. 저 아무것도 못 하는 거 잘 아시잖아요. 교회 그냥 대충 다니던 놈인 거 잘 아시잖아요. 저 같은 놈한테 직분은 버겁습니다. 지금이라도 취소시켜 주실 수는 없나요?"

나는 그렇게 내 모든 시험, 무거운 짐을 주님께 아뢰기 시작했고, 걱정 가득했던 나의 기도는 회개 기도를 거듭하며 자신감 넘치는 기도로 변해 갔다.

"하나님, 저는 정말 큰 죄인입니다. 제가 지어 온 죄악들을 가지고는 하나님께서 맡긴 직분을 감당할 자신이 없습니다. 이 시간 저의 죄악들을 모두 사하여 주시고, 새 힘을 허락하여 주십시오."

"하나님의 이름을 높이기에는 제 그릇이 너무 작습니다. 저에게 강하고 담대한 마음을 주시고, 찬양 가사처럼 주께 가오니 날 새롭게 하여 주시옵소서."

"하나님이시여, 하나님이시여! 주는 나의 하나님이시오니 내가 누구를 두려워하겠나이까! 나 이제 주님의 새 생명 얻은 몸이니, 옛것은 지나고 새 사람이 되게 하옵소서. 날마다 주님 안에 사는 사람이 되고 싶습니다."

"청년이 무엇으로 그 행실을 깨끗하게 하리이까, 주의 말씀을 따라 삼갈 것이니이다. 내가 전심으로 주를 찾았사오니 주의 율례에서 떠나지 말게 하옵소서. 내가 주께 범죄하지 아니하려 하여 주의 말씀을 내 마음에 두었나이다."

"주는 나의 이름을 손바닥에 새기시며 결코 잊지 않으실 줄 믿습니다. 주께서 내 원수의 목전에서 내게 상을 베푸시며 기름으로 내 머리에 바르셨으니 내 잔이 넘치나이다. 주여, 나로 이방의 빛을 삼아 구원을 베푸소서."

"나의 개인의 문제와 우리 가정의 문제를 놓고 기도합니다. 회복시켜 주시옵고 다시 일으켜 세워 주시옵소서. 이 땅의 황무함을 보소서, 하늘의 하나님, 긍휼을 베푸시는 주여. 우리의 죄악을 용서하옵시고 이 땅을 고쳐 주시옵소서."

"주여, 한라에서 백두까지 하나님의 이름이 온 땅에 지존하시며 모든 신을 초월하심을 모든 사람이 고백하게 하소서. 이 민족을 불쌍히 여기옵시며, 이 땅에 하나님의 나라가 임하게 하옵소서. 주의 청년들이 예수의 꿈을 꾸며, 인류 구원의 환상을 보게 하소서. 그리하여 한 손에 복음을 들고 다른 한 손에는 사랑을 들고 온 땅 구석구석 누비며 하나님의 영광을 선포하는 그런 교회가 되게 하여 주시옵소서."

"상한 갈대를 꺾지 아니하시며 꺼져 가는 등불을 끄지 아니하시는 여호와 라파, 치료의 하나님이여. 쓰러진 나를 세우고 나의 빈 잔을 채워 주시옵소서. 내가 종일 넘어지지만 완전히 엎드려지지 않는 것은 오직 하나님의 은혜임을 내가 이 시간 고백하며 나아갑니다."

"기도는 이렇게 하지만, 그럼에도 저는 자신이 없습니다. 내가 살아온 과거가 나를 붙잡고 있고, 나의 모습들이 하나님 앞에 부끄러운 모습이었기에 나는 두렵고, 죄송하고, 자신 없고, 겁이 납니다. 그렇기 때문에 이렇게 필사적으로 기도합니다. 나를 도우소서."

그렇게 정말 절실하게 틈나는 대로 계속 기도하던 나에게 찬양 가사들과 성경 말씀들이 머릿속에서 요동쳤다.

'사랑한다, 아들아, 내가 너를 잘 아노라.'
'두려워하지 말라 내가 너와 함께함이라 놀라지 말라 나는 네 하나님이 됨이라 내가 너를 굳세게 하리라 참으로 너를 도와주리라 참으로 나의 의로운 오른손으로 너를 붙들리라.'
'내가 너를 지명하여 불렀나니 너는 내 것이라. 내가 너를 보배롭고 존귀하게 여기노라. 너를 사랑하는 나 여호와의 말이니라.'
'너의 하나님 여호와가 너의 가운데 계시니, 그는 구원을 베푸실 전능자이시라. 믿음이 없이는 기쁘시게 못 하나니, 하나님께 나아가는 자는 반드시 그가 계신 것과 또한 그가 자기를 찾는 자에게 상 주시는 이심을 믿어야 할지니라. 믿는 자에게는 능치 못함이 없으니, 네가 믿으면 하나님의 영광을 보리라.'

'누구든지 지혜가 부족하거든 후히 주시고 꾸짖지 아니하시는 하나님께 구하라 그리하면 주시리라.'

'여호와를 경외하는 것이 지혜의 근본이요 거룩하신 자를 아는 것이 명철이니라.'

'구하라 그리하면 너희에게 주실 것이요 찾으라 그리하면 찾을 것이요 문을 두드리라 그리하면 너희에게 열릴 것이니 구하는 이마다 받을 것이요 찾는 이는 찾아낼 것이요 두드리는 이에게는 열릴 것이니라.'

'아무것도 염려하지 말고 다만 모든 일에 기도와 간구로, 너희 구할 것을 감사함으로 하나님께 아뢰라 그리하면 모든 지각에 뛰어난 하나님의 평강이 그리스도 예수 안에서 너희 마음과 생각을 지키시리라.'

'일을 행하시는 여호와, 그것을 만들며 성취하시는 여호와,

그의 이름을 여호와라 하는 이가 이와 같이 이르시도다. 너는 내게 부르짖으라 내가 네게 응답하겠고 네가 알지 못하는 크고 은밀한 일을 네게 보이리라.'

하나님은 전심으로 하나님을 찾으며 부르짖는 나의 기도에 응답하셨고, 나를 통하여 하실 일들을 기대하게 하셨다.

일을 행하시는 여호와

그렇게 총무로 임명되자마자 맞이한 첫 SFC 전국 대학생 대회. 2005년 6월 27일, 두려움 반 기대 반으로 나는 전국 수련회를 사모하며 나아갔고, "자유의 자리에 서다"라는 주제로 열린 수련회 기간 동안 큰 은혜를 받으며 방언의 은사라는 새로운 선물을 하나님께 받았다.

수련회를 마치고 돌아온 나는 자신감이 넘쳤고, 담대하게 주님의 일을 해나가기 시작했으나, 이윽고 경험 부족이라는 한계에 직면했다. 어느 것 하나 해본 적이 없는 임무, 심지어 교회도 너무 대충대충 다녀서 관심 없이 지나쳤던 임원들의 모습, 교회 행사들. 내가 무엇을 해야 하는지, 무슨 말을 하고 있는지조차 모를 정도로 정신 없이 하루하루가 지나갔다. 그러는 사이 자신감은 바닥까지 내려갔으며, 골방에서 무릎 꿇고 울며 기도하는 것이 매일의 삶이 되고 있었다.

"하나님, 자신이 없습니다. 제가 할 수 있는 일이 아닌 것 같아요. 그나마 세 명 있는 동기들은 오는 둥 마는 둥 하고, 몇 명 있는 선배마저 이제 죄다 졸업합니다. 내년엔 저 혼자서 여기를 지켜야 할지도 몰라요. 하나님, 저는 전도도 한 번 해본 적이 없는데 이 일을 어찌합니까? 이래서 내년에 이곳이 부흥하겠습니까?"

그렇게 기도하는 중에 진원재 님의 '회복'이라는 찬양의 가사가 떠올랐다.

주여 내 소리 들으소서, 패역하고 악한 이 세대
거룩함을 원하시는 하나님을 멀리 떠난 자들을
주여 이제 회복시켜 주시옵소서 주의 소망 바라보게 하소서
그때 골짜기의 마른 뼈들에게 대언하여 이르기를
생기야 사방에서 불어오라 죽어 있는 자들의 심령을 깨우라

주님의 지극히 큰 군대 되리라 소망 가운데 나아오리라
민족과 열방의 큰 빛이 돼라 주의 복음 온 땅에 전파하라
주의 신을 너희에게 부어 주리라 세상 끝 날까지 함께하리라

평소에도 즐겨 부르던 찬양이었는데 그날따라 마음에 강하게 꽂혔다.

"아! 그렇군요. 하나님! 메마른 뼈들에 생기를 불어넣어 주시듯, 내년에 이곳에 성령의 단비를 부어 새 생명들이 모이게 하여 주시옵소서. 하나님의 지극히 큰 용사들로 이곳을 채우시옵소서. 믿음의 역사와 사랑의 수고와 그리스도를 향한 소망의 인내로 내가 환난 가운데서도 하나님이 찾으시는 한 사람의 예배자로 서서 기도하며 나아가기를 소원합니다."

"주님, 점심 시간에 이곳에 모여 기도하는 두세 사람의 기도를 들으시옵소서. 이곳이 점심 시간에 20명이 모이는 곳이 되게 하여 주시옵소서. 채워 주시옵소서, 보내 주시옵소서. 전도를 직접 해본 적이 없다 보니 이렇게밖에 기도를 못 하겠습니다."

"내년에 이곳에 사람들이 넘쳐나기를 소원합니다. 하나님, 기

왕이면 남녀 성비 불균형 문제도 있고 하니 형제보다는 자매가 더 많았으면 좋겠습니다."

기도하고 기대하고 기다리며 어찌어찌 시간이 흘러 정기 대회 날이 되었고, 나는 이미 예정되어 있었던 SFC 회장 자리에 올랐다. 물론 그 중간중간에 여러 가지 교육 과정도 수료하였지만, 막상 SFC 회장 자리에 오르고 나니 또 다시 두려움이 찾아왔다.

"하나님, 도망치고 싶습니다. 어쩌다 이 자리까지 왔는지 모르겠어요. 지금이라도 도망치고 싶습니다. 그만하고 멀리 떠나면 안 될까요?"

졸업하는 선배들을 붙잡고 사정했다. 1년만 더 남아달라고. 그러나 '너는 잘해 낼 수 있을 거야'라는 식의 응원의 인사만 돌아왔고, 나는 그렇게 홀로 남는 듯했다. 그런데 감사하게도 하나님은 동역자를 하나둘 붙여 주셨다. 믿음도 좋고 말도 잘하는 누나와 형들이 하나둘 SFC를 찾아오기 시작했다. 나는 우여곡절 끝에 훗날 사모님이 된 신실한 누나의 도움을 받아 SFC의 일들을 해나갈 수 있게 되었다.

지금 생각해 봐도 나는 이름만 회장이었지, 총무였던 그 누나가 사실상 일을 거의 다 한 거나 다름없었기에, 지금 생각해도 미안한 마음뿐이다.

새 학기 입학식을 맞이하여 신입생 가두 모집을 나갔는데 분위기가 내가 상상했던 것과 많이 달랐다. 지금 생각해 보면 성령 충만이 함께했던 순간이 아니었나 싶다. 전도지를 주면 그냥 사람들이 따라왔고, 말을 걸면 사람들이 몰려들었다. 그래서 더 두렵고 떨렸다. 도대체 이게 무슨 상황인지조차 파악이 잘 되지 않아 어리바리 서 있었더니 오히려 신입생들이 먼저 다가와 말을 걸었다.

"안녕하세요. 이거 뭐예요? SFC? 여기다 이름 적으면 돼요?"

나는 정말 아무것도 안 했다. 그냥 서 있기만 했는데 신입생들이 알아서 찾아와 등록하는 엄청난 역사를 통해 "너희는 가만히 있어 내가 하나님 됨을 알지어다 내가 뭇 나라 중에서 높임을 받으리라 내가 세계 중에서 높임을 받으리라"라는 말씀이 이루어지는 것을 보았다. SFC에 가입하겠다고 등록한 인원이 너무 많아 나는 어안이 벙벙했으나 간사님은 매우 좋아하셨던 것이 생각난다.

도대체 어떻게 하루가 지났는지 모를 만큼 이상하고 아름다운, 성령으로 감동된 입학식이었다. 그런데 거기서 끝이 아니었다. 하루하루가 지날수록 자매들이 알음알음으로 하나둘씩 모여들었다.

내가 신입생이던 시절에는 일주일에 한 번씩 화요 큰 모임을 하면 10명이 채 안 되는 인원이 모여 예배드리던 그 장소에 30명이 넘는 인원이 모인 것은 하나님의 기적이 아니면 뭐라 설명할 수 없는 것이었다. 정말 하나님의 나라가 하늘에서 이룬 것같이 땅에서도 이루어지는 것을 보고 있었다. 신발장에 자리가 없어서 신발이 바닥에 굴러다니는, 정말 꿈 같은 기적의 시간이었다. 무려 신입생의 3분의 2가 자매였는데 정말 내 기도대로 응답된 것을 보며 나는 하나님의 높고 위대하심을 찬양하게 되었고, 또 하나님이 얼마나 두려운 분이신지 깨닫게 되었다.

"하나님, 제 기도를 들어주셔서 정말 감사한데, 저는 말하는 것에 자신이 없습니다. 한 번도 해본 적 없는 아슬아슬한 절벽 위에 있는 밧줄을 타는 기분입니다. 도와주시옵소서."

대학생으로 주머니 사정이 뻔함에도 나는 사비를 써서라도 어떻게든 신입생들을 잘 챙겨 보려고 애썼다. 무엇을 해야 하는지 몰라 동문 선배들에게 조언도 열심히 구하고 내 나름의 노력도

했지만 언제나 문제투성이였고, 말과 행동에 실수가 많아 논란을 자주 일으키기도 했다.

그때 그 시절 총무로서, 또 회장으로서 부족한 나에게 하나님께서 붙여 주셨던 많은 동역자. 그 2년 동안 함께 SFC 활동을 했던 누나들 중에 세 명이 훗날 사모님이 되셨는데, 당시 그분들의 도움이 없었다면 나는 아무것도 할 수 없었을 것이다.

다들 어느 정도 분위기에 적응해 갈 무렵, 인생에서 두 번째로 SFC 전국 대학생 대회에 참여하였다. 이번에는 회장의 신분으로 가기에 더 두렵고 떨렸다. 두 번째 수련회를 준비하며, SFC 지체들과 막노동까지 하는 강행군을 펼치면서 수련회 입회비를 마련했다.

하나님의 은혜 가운데 큰 사고 없이 수련회를 잘 마쳤고, 나는 그곳에서 방언을 조절할 수 있는 은사를 받았다. 그전까지는 아무리 방언을 하고 싶어도 원하는 대로 할 수 없었고, 또 한 번 방언을 하면 조절이 잘 안 됐는데, 이 수련회를 통해 방언을 조절해서 하고 싶을 때 할 수 있게 되었다.

두 번째 수련회를 마치고 나서 사람들의 기대와는 다르게 두려움에 빠져 있었다. 한 번도 해보지 못한 경험, 가본 적 없는 길. 수련회에 참석하지 못한 일부를 제외하고라도 20여 명에 달하는 사람이 수련회를 통해 강한 용사로 우뚝 서서 기대에 가득 찬 눈빛으로 나를 바라보고 있었으나, 나는 그들의 시선을 감당하는 것조차 버거울 만큼 작아져 있었다.

"이제 제가 어떻게 하면 될까요? 두렵습니다. 자신이 없어요. 사람이 많아지고 부흥하는 것만 생각하고 기도했지, 그 사람들이 모두 나를 쳐다보는 시선에 대해서는 생각하지 못했어요."

나는 현재의 상황과 나의 생각을 놓고 간사님과 상담을 이어갔다. 나의 과거와 현재를 알고 내 성격도 모두 파악하고 있던 간사님은 내가 한계에 부딪혔다고 느꼈는지 직접 나서서 나를 돕고, 다음 세대를 세우는 작업에 대해 고민하기 시작했다.

나와 간사님은 미래를 놓고 기도하며 평소처럼 예배와 여러 행사를 진행했다. 그리고 정기총회가 아닌 임시총회를 열어서라도 다음 임원을 세우는 작업을 진행하는 것에 간사님과 임원들이 뜻을 모았고, 사무엘이 다윗을 찾아내는 심정으로 하나님 아버지의 마음이 있는 곳에 우리의 눈이 향하기를 원한다고 기도

했다.

SFC에 등록된 회원은 40명이 훌쩍 넘었고, 그중 꾸준히 활동하는 지체는 30명 남짓이었다. 우리는 최대한 사람의 눈이 아닌 하나님의 눈으로 그들을 관찰하기 시작했다. 훗날 목사님이 된 형제 한 명을 비롯하여 드보라 같은 자매와 마리아 같은 자매를 놓고 이들에게 하나님의 계획이 있는지, 하나님의 뜻을 구하는 기도를 계속하였다.

우리는 SFC의 기존 계획보다 조금 빠르게 임시총회를 실시하였고, 신구 임원 교체를 통해 내 어깨에 올려져 있던 무거운 짐을 내려놓을 수 있었다.

"하나님의 계획이 나의 미래에 이루어질 줄 믿습니다. 솔직히 지금까지 너무 힘들고, 또 힘들었나이다. 내가 감당하기에 너무 무거운 짐이었고, 내 능력을 초월하는 임무였습니다. 하루하루 도망치고 싶었고 매일 그만두고 싶었으나, 그래도 지금까지 지내 온 것이 하나님의 은혜인 줄 믿습니다. SFC에서의 경험이 미래에 반드시 유익으로 돌아올 것임을 알기에, 힘들었지만 그래도 하나님께 감사하나이다. '감사로 제사를 드리는 자가 나를 영화롭게 하나니 그의 행위를 옳게 하는 자에게 내가 하나님의 구원을 보이리라'라고 하신 주님이 나를 위해 계획하신 모든 일을 이제 주의 뜻에 맞게 의로운 방향으로 이루어 나가실 줄 믿으며 기도합니다."

하나님이시여

　임원으로서의 사명은 끝났지만, 전임 회장으로서 또한 SFC 회원으로서 남은 시간을 잘 마무리해야 하는 숙제가 남아 있었다.
　그즈음, 나는 태어나서 처음으로 연애라는 걸 해보았으나, '남녀칠세부동석'에 가까운 나의 가치관은 여자친구를 지치게 만들었다. 두세 달 동안 손 잡는 것 이상의 그 어떠한 스킨십도 하지 않은 나 때문에 결국 우리는 결별하였다. 연애가 처음이라 무얼 어떻게 해야 하는지 몰랐다. 지금 생각해 보면 여자친구를 마치 엄마 대하듯 했던 것 같다.
　세 번의 연애 모두를 스물한 살에 했던 나는 세 번째 연애 상대의 거짓말에 큰 충격을 받아 오늘까지 독신주의로 연애와는 거리를 두며 살아가고 있다. 세 번째 상대는 가정이 있는 아기 엄마이면서 정체를 숨기고 나에게 접근했다. 자기 스스로 교회 반주자라고 했는데, 지금 생각해 보면 그것조차 믿을 수 있는 말이었는지 의문스럽다.

대학에서 SFC 회장으로 있던 시기에 내가 거주하는 지역에서 이단을 제외한 모든 교파가 모여 초교파로 실시하는 청년 연합 수련회가 있어 나도 거기에 참석하였다. 그곳에서 내가 미취학 아동일 때 잠시 몸담았던 교회의 청년들을 만날 수 있었다. 그들의 열정과 헌신에 매료되어 교회를 옮기는 것을 놓고 하나님께 아뢰기 시작했다.

내가 학창 시절을 보낸 교회에서 나는 양아치에다 문제아였고 구제불능이라는 인식이 강하게 자리 잡혀 있었다. 그러니 당연히 리더십도 없을 것이라고 생각했다. 나는 그것을 바꾸어 보고 싶었으나 10년 이상 각인된 인식을 바꾸기에는 무리가 있었다. 그래서 모든 것을 내려놓고 교회를 옮기기로 거의 가닥을 잡아 가고 있었는데, 가장 큰 문제는 하나님의 응답이 없다는 것이었다. 하나님의 응답 없이 마음대로 교회를 옮길 수는 없는 노릇이었다.

아버지는 예수 믿는 자를 싫어하고 내가 교회 나가는 것도 좋아하지 않았지만 강제로 막지는 않으셨다. 그것은 바로 할머니 때문이었는데 '할머니가 돌아가시기 전까지는 교회에 다니는 것'이 아버지가 내게 제안한 조건이었다. 나는 교회를 옮겨야겠다고 결심하고 기도를 시작한 지 딱 10년 만인 만 서른한 살에 하나님의 응답을 받았다.

나는 할머니께서 돌아가시고도 약 3~4년을 더 교회에 다니면서 여자 후배들의 조롱거리와 놀림거리가 되었으며, 스물다섯 살에는 교회에서 조장을 맡고도 여자 조원들이 조별 활동을 거부하는 등 자매들의 집단 따돌림을 당했다. 인간 이하의 대접을 받으며 20대 중후반의 교회 생활을 하면서, 이런 상황을 주신 하나님께 여러 가지 질문을 던지며 혼자 웃곤 했다. 내가 학창 생활에 잘못을 많이 했기에 받는 벌이겠거니 하고 넘기기에는 도가 너무 지나쳤기 때문이다.

나의 과거를 잘 알고 있는 같은 초등학교를 나온 두 살 아래의 일진 출신 여자 후배가 선동하여 나를 왕따시키는 바람에 그를 따르는 자매들 사이에서 나는 자연스레 따돌림을 받았다. 물론 학교에서 왕따당하는 것보다는 훨씬 강도가 약하긴 했지만, 하나님을 섬기는 교회에서 행하는 행동으로 보기에는 바람직하지 못했기에 섭섭한 감정을 감출 수 없었다.

"저게 여기는 왜 왔지? 눈치가 없네? 정민이 오빠는 차도 없으니 그냥 버리고 가자. 괜히 알려 주지 마. 자기가 알아서 찾아오겠지."

이런 종류의 다양한 조롱을 받는 가운데, 나는 이것을 놓고 여러 방면에서 해결책을 검토해 보았으나 힘으로 찍어 누르는 것 말고는 다른 방도가 없는 듯했다. 그래서 일단 기도하며 응답을 구했더니 하나님이 말씀하셨다.

"너를 축복하는 자를 내가 축복하고, 너를 저주하는 자를 내가 저주하리니, 너는 아무것도 염려하지 말고 오직 모든 일에 기도와 간구로 너의 구할 것을 감사함으로 하나님께 아뢰라. 그리하면 모든 지각에 뛰어난 하나님의 평강이 그리스도 예수 안에서 너의 마음과 생각을 지키시리라. 기록되었으되, 원수 갚는 것이 내게 있으니 내가 갚으리라."

나는 이 응답을 받고, 그다음 주에 나를 많이 못살게 구는 한 후배를 찾아가 하나님의 경고를 전했다.

"○○아! 미안한데, 네가 자꾸 이렇게 하면 반드시 후회하게 될 거야. 그러니 이제 멈추는 게 좋을 것 같아."

"후회? 웃기시네. 후회하게 해보세요! 바보 같은 게 어디서…."

글로 표현할 수 없을 정도로 심한 폭언이 내게 날아올 때, 문득 십자가에서 조롱받으시던 예수님의 마음이 어땠을까 하는 생각이 들었다.

'하나님, 이 친구는 자기가 하는 일을 알지 못합니다. 그런데 나는 예수님이 아니라서 이 녀석의 죄를 사하여 달라고는 하지 못하겠습니다. 그가 자신의 죄를 깨닫고 스스로 주님 앞에서 낮아지기를 원합니다.'

그러자 하나님께서 내게 답을 주셨다.

'나를 미워하는 자의 죄를 갚되 아버지로부터 아들에게로 삼사 대까지 이르게 하거니와, 나를 사랑하고 내 계명을 지키는 자에게는 천 대까지 은혜를 베푸느니라.'

'그렇습니까? 다음 세대에 죄를 물으실 수도 있겠군요.'

난 정말 진심을 담아 나보다 네 살 어렸던 그 친구에게 충고해 주었다.

"혹시나 말인데, 당장 결혼을 목표로 하기보다는 하나님 앞에서 좀더 신실하게 거룩하고 흠 없는 모습으로 살려고 노력해 보는 건 어떨까?"

"내 결혼을 오빠가 왜 신경 써요? 나는 오빠 같은 사람한테 전혀 관심 없거든요?"

어차피 말이 통할 거라 생각하지 않았기 때문에, 나는 대학부를 담당하는 목사님께 조장으로서의 활동을 그만하겠다고 말씀드렸다. 나도 하나님이 맡기신 직분을 내려놓는다는 게 어떤 의미인지 잘 알고 있다. 하나님은 하나님이 맡기신 일을 온전하게 수행하지 않는 자의 재능을 빼앗아 다른 자에게 더하여 주신다. 마치 한 달란트 가진 자의 달란트를 빼앗아서 다섯 달란트 가진 자에게 주시듯, 하나님이 맡기신 직분을 스스로 내려놓는 자는 하나님이 그 가진 재능을 빼앗아 다른 자에게 주신다는 것을 안다.

하지만 내가 벌을 받더라도 더는 조별 활동이 무의미하다고 느꼈기에 자기들끼리 떠들고 놀게 내버려두는 게 더 낫겠다고 판단했고, 나는 그렇게 스물다섯 살에 대학부에서 나왔다. 그 후로는 교회 옮기는 부분을 놓고 계속 기도하며 대예배만 참석하는 것을 목표로 하였다. 담당 목사님께 크게 혼난 조원들이 찾아와 다시 돌아와 달라고 부탁하는 바람에 다시 대학부에 얼굴을 비치기는 했지만, 공동체 모임보다는 대예배에 집중하며 하나님의 응답을 기다렸다.

사막에 샘이
넘쳐흐르리라

　SFC 임원 자리를 내려놓고 학창 생활을 하던 중 우리 대학 소강당에서 찬양 집회를 한다는 소식이 들렸다. 잘 모르는 찬양팀이었는데 기독교 재단이었던 우리 학교의 목사님께서 참석해도 좋은 집회라고 하셔서 나 혼자 조용히 참석했다. 평일 저녁이었고 진작에 예정된 행사가 아니었기에 다들 개인 시간을 보내고 있을 것으로 생각해 누군가랑 같이 가기보다는 혼자 가는 게 좋을 듯했다.
　슬며시 소강당에 들어가 보니 20~30명 정도로 예상보다 적은 인원이 모여 있었다. 나는 적당한 곳에 자리를 잡았고, 그 후로 몇몇 사람이 더 들어와 대략 40~50명이 모여 인도자의 진행에 맞춰 찬양과 기도를 시작하였다.

사실 큰 기대를 하고 갔던 것은 아니었다. 그냥 집회를 한다기에 SFC 전임 회장 자격으로 참석했는데, 말로 설명하기 어렵지만 집회가 뭔가 조금 달랐다. 찬양팀의 분위기가 비장하게 느껴졌다. 즐겁게 찬양하는 것은 분명하지만, 정말로 모든 영광과 존귀와 능력을 하나님께 올려 드린다는 느낌, 오늘 이 한 번의 찬양에 목숨을 걸겠다는 그런 각오, 단 한 번의 찬양을 드려도 하나님이 받으시는 진정한 예배를 드리겠다는 그런 비장함이 느껴졌다.

아니나 다를까, 찬양하는 나의 마음에서 뜨거운 불꽃 같은 것이 타오르기 시작했다. 기타를 치며 찬양하는 찬양 인도자가 방언으로 찬양하기 시작했고, 스무 살 때 대학생 대회에서 만났던 하나님이 나를 찾아오셨다. 나도 입을 열어 방언으로 기도하기 시작했다. 내가 지내 오며 지은 죄들을 놓고 하나님께 자백하는 심정으로 아뢰었다. 그렇게 기도하는 중에 갑자기 등골이 서늘해지며 머리털이 쭈뼛쭈뼛 서는 기분이 들더니 뒤에서부터 바람이 불어오기 시작했다.

'내 뒤의 문은 작아. 이 정도의 바람이 불긴 힘들지. 거리와 각도를 생각해도 여기까지 바람이 닿을 수 없어. 거기다 아까 문을

닫는 것도 봤는데…. 이건…아마도 성령님이 오셨나 보다.'

나는 뒤에서 불어오는 바람에 마치 공중에 뜨는 것 같은 황홀한 감정을 느끼며 하나님께 기도했다.

"만세전에 나를 택하사 자녀 삼으시고, 죽음에서 나를 살리사 오늘 이 자리까지 나를 인도하여 내신 나의 하나님 여호와여, 내가 주를 사랑하는 줄 주께서 아시나이다. 여호와는 나의 목자시니 내게 부족함이 없으리로다. 그가 나를 푸른 초장에 누이시며 쉴 만한 물가로 인도하시는도다. 내 영혼을 소생시키시며 자기 이름을 위하여 의의 길로 인도하시는도다. 내가 사망의 음침한 골짜기로 다닐지라도 해를 두려워하지 않는 것은 주께서 나와 함께 하심이라. 주의 지팡이와 막대기가 나를 안위하시는도다. 주께서 내 원수의 목전에서 내게 상을 베푸시고 기름을 내 머리에 바르셨으니 내 잔이 넘치나이다. 내 평생에 선하심과 인자하심이 반드시 나를 따르리니 내가 여호와의 집에 영원히 거하리로다. 두려워 말라, 내가 너와 함께함이니라. 놀라지 말라, 나는 네 하나님이 됨이니라. 내가 너를 굳세게 하리라. 내가 너를 도와주리라. 참으로 나의 의로운 오른손으로 너를 붙들리라. 내가 너와 함께 있어 네가 어디로 가든지 너를 지키며 너를 이끌어 이 땅으로 돌아오게 할지라. 내가 네게 허락한 것을 다 이루기까지 너를 떠나지 아니하리라 하셨으니, 내 미래의 모든 시간을 하나님께 맡깁니다. 하나님이시여, 주는 나의 하나님이시오니 내가 누구를 두려워하겠습니까. 주의 인자가 생명보다 나으므로 내 입술이 여호와를 찬양하나니, 내 평생에 주를 찬양하며 주의 이름으로 내 손을 높이 듭니다. 나의 슬픔을 주가 기쁨으로 변화시켜 주셨으니 감사함으로 하나님께 나아갑니다."

그렇게 기도하는 중에도 찬양 인도자는 계속 방언으로 찬양과 기도를 하고 있었고, 나 역시 방언으로 기도하며 주님과 함께하는 고요한 시간 속에 풍덩 빠져드는 순간, 내 뒤에 있던 사람이 영어로 기도하기 시작했다.

'응?' 하는 순간, 내 옆에 있던 사람과 대각선에 있던 사람들도 다들 방언으로 기도하는 것이 들렸다. 고개를 들고 주변을 둘러보았는데, 몇몇 사람이 나처럼 놀란 표정으로 고개를 들고 주변을 돌아보고 있었다. 그곳에 모인 대부분의 사람이 방언으로 기도하고 있었는데, 각자 다른 말로 방언하는 것을 보며 그 순간 온몸에 전율이 일어났다. 오순절 날 마가 요한의 다락방에 오셨던 성령의 역사가 이것인가 싶었다. 나는 재빨리 기도에 다시 집중하였다.

"하나님이시여, 내가 이것을 살아서 봅니다. 내 눈이 주의 구원을 보았사오니 이는 만민 앞에 예비하신 것이요, 이방을 비추는 빛이요, 주의 백성 이스라엘의 영광이로소이다. 내가 날마다 주님 찬양하기를, 모든 열방이 주님을 보는 그날까지 전진하기를 소망하며, 그 빛난 영광이 온 하늘을 덮고 그 찬송이 온 땅에 가득할 그날을 기대하며 기다립니다. 오늘 이 시간, 지금 이 밤에 주님의 높고 위대하심을 내 영혼이 찬양하기를 원하오니, 주여, 만나 주시고 말씀하옵소서, 주의 종이 듣겠나이다."

그렇게 깊은 기도의 시간을 가지며 하나님께 한 걸음 더 나아가다 문득 정신을 차려 보니 나는 캄캄한 우주에 있었다. 옆에 있던 사람들의 찬양 소리가 들리지 않았고, 눈앞에 타원형으로 떠 있는 지구가 보였다. 갑자기 지구에서 꽤 많은 깃발이 올라오기 시작하더니 노랫소리가 들렸다.

'사막에 샘이 넘쳐흐리리라. 사막에 꽃이 피어 향내 내리라, 주님이 다스리는 그 나라가 되면은 사막이 꽃동산 되리, 독사굴에 어린이가 손 넣고 장난쳐도 물지 않는 참사랑과 기쁨의 그 나라가 이제 속히 오리라. 물이 바다를 덮음같이 여호와의 영광을 인정하는 것이 온 세상에 가득하게 될 것인데, 네가 그것을 보리라.'

깜짝 놀라 정신을 차리고 보니 내 옆에서 기도하는 사람들의 기척이 느껴졌고, 다시 예배의 자리로 돌아왔다는 생각이 들었다. 나는 눈을 감은 채로 계속 하나님께 기도했다.

"하나님, 내가 두려워 떨며 하나님께 아룁니다. 내가 본 것이 무엇입니까? 다섯 살에 나를 찾아오셨던 주님께서 다시 나를 찾아주셨습니다. 하나님께서 말씀하시는 게 어떤 의미인지 내가 모든 것을 해석할 수는 없으나, 하나님의 뜻이 하늘에서 이룬 것같이 땅에서도 이루어질 수 있게 내가 날마다 주를 섬기며 다른 길로 가지 않고 기다리겠습니다. 주님이 나를 통해 하실 모든 일을 다 이루기까지 나를 떠나지 아니하시리니, 나를 그저 하나님의 강한 용사로서 담대하게 하루하루를 살아가게 하옵소서. 다만 구하옵나니, 주 예수여, 속히 오시옵소서."

한두 시간 정도 하나님과 인격적인 만남의 시간을 갖고 밖으로 나왔을 때, SFC의 신 임원들이 나를 기다리고 있었다.

"왜 우리를 부르지 않고 혼자 갔어? 그리고 도대체 안에서 어떤 일이 있었던 거야?"

"네? 아, 저도 같이 가고 싶긴 했는데, 다들 바쁜 듯하여 혼자 가게 됐어요."

"집회가 엄청났나 본데? 강당에서 나올 때 니 얼굴이 어땠는지 모르지?"

"네? 제 얼굴에 무슨 문제라도 있었나요?"

"니 얼굴에서 빛이 나서 쳐다볼 수가 없었어."

"네? 에이, 말도 안 됩니다. 농담이시죠?"

"야, 우리가 지금 농담하게 생겼냐? 나만 본 게 아니야. 다 같이 봤어. 아깐 니 얼굴에서 광채가 나서 쳐다볼 수가 없었는데 지금은 그게 사라졌네. 너 나오는 순간에는 얼굴에서 빛이 났어."

"그, 그런가요?"

"그래, 내가 이런 걸로 거짓말할 사람 같냐?"

"아, 아뇨. 믿습니다. 안 그래도 집회가 엄청났거든요. 제가 살면서 경험해 본 어떤 수련회와 비교해도 결코 부족하지 않을 그런 시간이었어요."

나는 SFC 임원들에게 내가 방금까지 경험했던 예배의 순간들을 설명해 주었다.

"그러니까 그렇게 좋은 곳에 너 혼자 갔단 말이지?"

"그러게요, 부럽다. 우리는 왜 안 데리고 갔어요."

나는 잠깐이지만 그들의 책망을 들어야만 했다.

그렇게 대학에서의 SFC 생활은 마지막을 향해 달려가고 있었고, 나는 지난 2년을 돌아보며 어느 것 하나 주님의 손길이 미치지 않은 것이 없음에 감사했다.

"찬송하리로다. 나의 주, 나의 하나님이시여, 나를 이 대학으로 부르시고, 힘들고 지쳐 낙망하고 넘어져 일어날 힘 전혀 없는 나에게 SFC라는 곳을 알게 하여 주시고, 점심 먹고 두 명 또는 세 명이 모여 기도하던 그 자리에 4배, 5배의 인원을 채워 주셔서 감사합니다. 화요일마다 드리는 예배의 인원도 내가 입학할 때는 열 명이 채 되지 않았는데 이제 졸업할 때는 4배, 5배의 인원으로 채우사 차고 넘쳐서 앉을 자리가 없게 만들어 주신 하나님, 모든 동문 선배가 걱정했던 가장 무능한 회장이었는데 가장 부흥하는 임기를 경험하게 하여 주신 전능하신 하나님, 모든 영광과 존귀를 하나님께 올려 드립니다. 홀로 찬양 받기에 합당하신 하나님께 모든 감사와 찬양을 돌립니다."

세상으로
나아가다

대학 생활을 끝내고 나는 아르바이트와 직장 생활을 시작하였다. 가는 곳마다 성실하게 열심히 일한다는 평가를 받았지만 나를 적대시하는 많은 세력과 마주하기도 했다. 아첨하는 방식으로 승진하던 간신배들에게 묵묵하게 일만 하는 나 같은 사람은 걸리적거리는 공격 대상이었다. 나를 정말 잘 챙겨 주는 사람도 있었지만, 나를 공격하는 무리와도 마주하며 그렇게 직장 생활을 이어 나갔다.

나는 20대 초반에 유명 패스트푸드점에서 아르바이트를 시작했다. 처음엔 오전 6시까지 출근해서 물건 받는 일이 일과의 시작이었다. 나에게 일을 가르쳤던 사수는 아르바이트를 그만두기 직전의 사람이었고, 나는 그에게 아주 기본적인 것들을 배웠다. 한동안 혼자서 물건을 받아야 했는데, 숙달되지 않아 속도 면에서 현저히 떨어질 수밖에 없었다. 혼자서 식겁하는 나를 보며 매니저들은 경력자를 채용하였다.

나는 패스트푸드점 아르바이트를 오랫동안 한, 나보다 나이가 많은 형과 함께 일했다. 성품이 온화하고 잘 웃으며 화를 한 번도 내지 않았던 그 형은 일하는 내내 나에게 많은 것을 가르쳐 주었다. 원래 내가 하는 일은 물론 햄버거 만드는 방법과 카운터 보는 법, 화장실 청소까지 여러 가지를 형에게서 배웠다. 나중에 알았지만, 그 형은 매니저로 추천까지 받았으나 군대를 가야 해서 거절했다고 한다.

나는 그 형과 함께 6개월을 즐겁게 일했고, 형이 떠나고 나서도 5개월 정도를 혼자서 더 일하였다. 형에게 배운 덕분에 햄버거를 만들 때 사용되는 빵과 소스의 종류부터 웬만한 건 다 숙지하고 있었으므로 햄버거를 만드는 일에 즉시 투입되었다. 나는 그 형님에게 잘 배웠다는 칭찬을 들으며 빠르게 적응해 나갔다.

패스트푸드점 특성상 여자 아르바이트생이 많았는데, 아기 엄마부터 고등학생에 이르기까지 다양하였다. 아르바이트를 하면서 뜻하지 않게 직원들끼리 서로 군기로 잡는 것도 종종 보았다.

즐거운 날과 힘든 날, 뿌듯한 날과 지치는 날을 번갈아 경험하면서 하루하루 사회생활을 배워 가고 있을 때 SFC에 관한 참담한 소식이 들려왔다.

"소식 들었어? 우리 학교 SFC가 이성 교제 문제로 난리가 났다더라."

내가 졸업하고 1년하고도 몇 달이 지났을 때 들린 이 소식은 나를 죄인으로 만들었다. 자매 하나를 두고 형제들끼리 다툼이 일어나고, 남녀 간의 사랑이 선을 넘는 수준에 이르고 있으며, 일부 자매들의 영향력이 너무 강해져 통제할 수 없는 상황이 되었다고 했다. 나는 스스로 부끄러워 하나님 앞에서 얼굴을 들 수가 없었다.

"하나님, 내 죄가 큽니다. 내가 감히 기도하기를 자매를 많이 보내달라고 하였고, 하나님이 내 기도를 들으사 SFC를 부흥하게 하셨으나, 이제 그들이 하나님의 도를 버리고 그릇 행하여 각자 제 갈 길로 가버렸습니다. 나의 욕심으로 했던 기도의 결말을 보는 것 같아 죄송한 마음뿐입니다."

"내가 이 부끄러운 마음을 하나님 앞에서 어찌 하오리이까! 그들이 악한 길에서 떠나 스스로 겸비하며 주님의 얼굴을 구하기를 원합니다. 그들이 스스로 자신의 죄악을 자백할 때, 주는 미쁘시고 의로우시니 그들의 죄를 사하시고 모든 불의에서 그들을 깨끗하게 하여 주실 줄 믿나이다. 주여, 불쌍히 여겨 주시옵소서."

이후로 SFC의 소식은 더 이상 들려오지 않았다.

04
험난했던 직장 생활과 교사로서 연단 받은 시간

구주여
광풍이 불어

　대학 졸업 후, 나는 신체검사에서 낮은 시력이 문제가 되어 4급 보충역 판정을 받고 2년간 공익근무요원 생활을 하였다. 거기서도 다양한 사람과 함께하며 여러 가지 상황에서 함께하시는 하나님을 경험하였다.

　소집 해제(전역)를 보름 정도 앞두고, 같이 근무하는 청원경찰 아저씨와 금요일 저녁에 낚시를 갔다.

　"저는 별로 가고 싶지 않은데…."

　"왜?"

　"그냥 기분이 조금 이상해서요."

"가자, 인마. 밤낚시 별거 없다."

"아니, 이게 참 설명하기 어려운데요, 그냥 저는 빠지면 안 될까요?"

"하, 거참. 가서 라면만 끓여라. 다른 건 아무것도 안 시킬게."

"라면만 끓이면 되는 건가요?"

"그래, 니보고 낚시하라고 안 한다. 걱정하지 말고 가자."

결국 거제도인지 어딘지 조금 멀리 떨어진 곳으로 가게 되었다. 그분은 매일 낚시 채널을 시청하는 낚시 마니아였기 때문에 각종 낚시 장비를 다 갖추고 있었지만, 나는 반팔, 반바지, 싸구려 운동화가 전부였다. 책가방에 몇몇 필요한 잡동사니가 있기는 했지만, 낚시와는 별로 관계가 없는 물건들이었고, 핸드폰도 전화와 문자만 되는 폴더폰이었다.

어딘지 모를 방파제에, 칠흑 같은 어둠 속에서 유일하게 빛나는 것은 달랑 가로등 하나였다. 나는 정말 라면만 끓이고는 홀로 앉아 밤 바다를 구경하고 있었다. 우리 말고도 누군지 모를 낚시꾼 두세 명이 있기는 했으나 너무 어두워 형체만 겨우 볼 수 있었다.

"야! 아이스박스 좀 가져와라."

"네? 거기로요?"

"그래, 여기까지 아이스박스 좀 가져와."

"아니, 라면 끓이는 것만 시키신다면서요."

"아, 그 녀석 말 많네. 그 정도도 못 하나?"

"거기 어떻게 가는지 몰라요."

내가 있는 곳은 육지였고, 아저씨는 20~30미터 정도 떨어진 테트라포드 위에 있었다. 너무 어둡고 달도 없는 밤이라, 테트라포드가 몇 개 있는지도 제대로 안 보였고, 심지어 나는 테트라포드를 그렇게 가까이에서 본 것도 처음이었다. 그게 얼마나 큰지, 얼마나 미끄러운지, 어디를 밟아야 하는지 전혀 몰랐기 때문에 올라가는 것에 대한 걱정이 있었다.

"그냥 거기 밟으면서 오면 된다."

"못 가겠어요. 자신이 없어요."

"아, 무슨 사내 녀석이 그것도 못 걸어오나? 그냥 다리 뻗어 봐라."

내가 짊어진 아이스박스의 무게는 20킬로그램 남짓이었는데, 엄청 무거운 건 아니었지만 한쪽 다리로 몸의 중심을 이동한 채 버티기에는 무리가 있었다.

"악!!!"

첫걸음을 내딛자마자 나는 아래로 추락해 버렸다. 나를 데려온 아저씨와 인근에서 낚시를 하던 다른 낚시꾼 두 명도 비명소리를 듣고 빠르게 다가왔다. 사실 나는 테트라포드가 어떤 건지, 심지어 당시에는 그 이름조차 몰랐다. 그 깊이는 2.5~3미터 정도 되는 듯했고, 테트라포드 사이에 떨어지면 바다에 빠지기도 했으나 다행히 내가 떨어진 곳은 땅이었다. 내 주변은 바다여서 신발은 바로 바다에 풍덩 빠졌다.

나 역시 시멘트 바닥에 추락할 뻔했는데 하나님께서 도우셨다. 내가 짊어졌던 아이스박스가 갑자기 열리면서 안에 있던 대량의 새우와 지렁이가 먼저 쏟아졌고, 정말 기적적으로 그 새우와 지렁이 위에 떨어지면서 쿠션처럼 완충 효과를 본 것이다. 나중에 알았지만, 상의가 다 찢어지고 등은 상처를 크게 입어 살갗이 다 벗겨져 있었는데, 떨어지면서 벽에 등을 기대고 미끄러진 것 같았다. 그런데 그보다 더 놀랐던 것은, 위에서 사람들이 조명을 비춰 주는 바람에 알았는데 내가 떨어진 곳에만 못이 없었고, 그 외에는 사방으로 못이 튀어나와 있었다는 것이었다. 만약 내가 떨어진 곳에 못이 있었다면, 추락하는 속도까지 더해져 갈비

뼈와 횡격막은 물론 허파까지 파열되며 심각한 부상 혹은 사망에 이르지 않았을까 싶다.

사람들이 큰 소리로 나를 불렀고, 나는 살아 있음을 알렸다. 당시 만 23세였던 나는 사회 경험이 부족했고, 그때 대답하지 않는 것이 더 현명한 행동이었음을 알지 못했다. 만약 내가 대답하지 않았다면 사람들은 119를 부를 수밖에 없었을 것이고, 그러면 나를 데려간 아저씨는 책임을 피하기 어려웠을 것이다. 나는 그날 낚시꾼들의 도움을 받아 간신히 집으로 돌아왔다.

그 후 나를 낚시에 데리고 갔던 아저씨는 위로의 말 한마디만 던지고는 책임을 회피하기에 급급했다. 내가 부주의해서 추락한 것이라고 주장하던 그분은 교대 근무 원칙에 따라 다른 곳으로 갔고, 나는 사비를 써가며 치료차 병원에 다니다 그대로 소집 해제되었다.

그렇게 이 사건은 아는 사람만 아는 이야기로 묻혀 버렸다. 그래도 그중에 하나님의 기적이 나와 함께하심으로 대량의 미끼 위에 떨어지게 하시고 튀어나온 못들 사이에서도 나를 건지셨으니, 이스라엘을 지키시는 자는 졸지도 아니하시고 주무시지도 아니하시는 줄을 다시 한번 깨닫는 시간이 되었다.

'물이 너를 침몰하지 못할 것이며 네가 불 가운데로 지날 때에 타지도 아니할 것이요 불꽃이 너를 사르지도 못하리니'라고 하신 주님께서 내게 허락한 것을 다 이루기까지 나를 떠나지 않으시고, 여호와께서 나의 출입을 지금부터 영원까지 지키실 것이다.

공익근무요원 복무 기간을 마치고, 자격증 취득과 기술 습득을 목적으로 폴리텍대학에 들어갔다. 정규 수업 과정이 아닌 1년간의 수료 과정을 마치고는 바로 현장에 나가게 되었는데, 스물다섯 살에 맞이한 첫 직장 생활은 적응하기가 무척 어려웠다. 직장에서 나는 막내였고, 내가 하는 일은 대부분 청소와 잡일이었다. 폴리텍 대학에서 배운 것을 까마득하게 잊을 때쯤, 맛보기로 하나씩 실습해 볼 수 있었다.

처음에는 몰랐는데, 배움이 얕은 사람일수록 가르치는 데 인색하다. 자신의 밥그릇을 지키기 위해 일부러 잘 가르쳐 주지 않는 것이 관례라고 하였다. 나는 기술을 더 배우고 싶었으나, 질문할 때마다 물어 본다는 이유로 뒤통수를 맞곤 했다. 그때는 사람을 때리는 것이 그다지 문제가 되지 않던 시절이었다. 회사 선배들은 군기 잡는 것을 좋아했으며, 문제가 조금만 발생해도 화장

실로 끌고 갔다.

그 당시 최저 시급은 지금에 비하면 현저히 낮았고, 아무리 일을 열심히 해도 한 달에 200만 원을 벌기가 힘들었다. 회사 사람들은 철야 근무를 최소 한 달에 한 번, 많을 때는 일주일에 한 번씩 하곤 했고, 나는 내 의사와는 무관하게 눈치껏 철야 근무에 동참했다.

회사마다 철야 근무의 정의가 조금씩 다를 수 있는데, 내가 있던 곳은 일단 오전 8시에 근무를 시작해 13시간을 근무한 다음, 저녁 9시에 중국집에 주문을 넣고 배달이 도착하는 밤 10시에 30분 정도 저녁 식사를 하고는 새벽 2시 혹은 3시까지 일을 했다. 그리고 1시간 정도 수면한 후 다음 날 점심시간까지 일을 하고, 점심을 먹은 뒤 체력이 되는 사람은 오후 3시까지 일을 하고 체력이 안 되는 사람은 퇴근했다. 그런 식으로 한 달에 세 번을 해야 작업반장 정도 되는 사람이 실수령액 200만 원을 가져갈 수 있었고, 나 같은 말단 사원은 절대로 그만큼은 벌 수 없는 구조였다.

철야 근무 중에도 소속된 팀에 따라 조금 편하게 일하기도 하고, 약간은 고통받으며 일하기도 했다. 이곳에는 하나님이 없는 건 아닌가 하는 의문이 들 정도로 삭막하던 직장 생활도 1년 이상 견디다 보니 나를 괴롭히던 선배들과도 웃으며 농담을 나눌 정도로 친해졌고, 내 밑으로 후임이 들어오는 일도 생겼다.

"야, 기숙사 올라와 봐라. 신입이 인사한다더라."

궁금한 마음에 기숙사로 올라갔던 날. 처음 보는 남자애가 팬티만 입고 엎드려뻗쳐 자세로 울고 있었다. 나이는 나보다 두 살 어렸는데, 그 상태에서 선배들의 질문에 이것저것 대답하고 있었다. 나는 이미 지시받은 대로 그 녀석과 동갑이라는 콘셉트를 이어 갔다. 괴롭힐 마음은 없었지만 시키는 대로 하지 않으면 도리어 내가 당한다는 걸 너무나 잘 알고 있었기에 한동안 나는 신입과 비슷한 시기에 입사한 동갑 친구처럼 지냈다. 적어도 그 녀석이 내 나이를 알고 나서 나한테 찾아와 잘못했다고 빌 때까지.

"괜찮아. 나도 그냥 시켜서 한 거야. 장난친 거니까 너무 신경 쓰지 마. 그리고 선배들이 물어 보면 나한테 한 대 맞았다고 해, 알겠지?"

"네, 알겠습니다. 죄송합니다. 감사합니다."

"됐다니까! 오히려 내가 미안하지. 햄버거 하나 사줄 테니 갈래?"

이렇게 해서 서로 친해지긴 했으나, 나처럼 왕따 출신이 아니면 이 바닥에서 버티고 살아남기는 힘든 모양이었다. 결국 그 녀석은 선배들의 괴롭힘에 퇴사해 버렸고, 나는 다시 막내가 되었다.

그렇게 하루하루 직장 생활을 이어 가다 다시 하나님의 은총이 임한 것은 직장 생활을 시작하고 1년 6개월이 지난 무렵이었다.
"새로 오신 과장님이니 인사 드려라."
그게 그분과의 첫 만남이었다. 우리 회사 사람들은 모르는 새로운 기술을 가진 그분은 많은 것을 알고 있었다.
"어이, 폴리텍. 니 이리로 좀 와봐라."
"네."
"니는 왜 매일 청소만 하고 있노? 니한테 뭐 안 가르쳐 주더나?"
배움이 깊은 자는 가르치는 데 인색하지 않다.
"학교에서 뭐 배웠노? 니는 이것도 모르나? 느그 교수가 안 가르쳐 주더나? 아이고 마! 정신 챙기라!"
그분은 정말로 진지하게 신나서 나를 가르쳤고, 내가 잘못할 때마다 웃으면서 꿀밤을 때렸다. 사실 나는 발로 차도 괜찮고, 주먹으로 때려도 괜찮고, 손바닥으로 때려도 괜찮았다. 어차피 어릴 때부터 맞고 자라 맞는 데는 최적화되어 있었기 때문에 상관없었다. 하나라도 더 배울 수만 있다면 뭐든 좋았다.

"아니, 김 과장은 왜 이놈을 가르칩니까?"

"그라믄 안 가르칠 거요? 애 데리고 쓰려고 뽑아 놓고, 매일 잡일만 시킵니까?"

"내 밑에 있는 놈이니까 내가 데려갈 겁니다. 마! 일로 온나."

나는 다시 내일모레 환갑을 바라보는 사수 밑에서 뒤통수를 맞아 가며 청소만 하기 시작했다.

"어이, 폴리텍! 니는 오늘부터 늦게 늦게 일해라. 행님이 마치고 남아서 가르쳐 줄 테니까, 알았나?"

과장님은 가정도 있는 분이었는데, 자신의 퇴근을 미루면서까지 남아서 나를 가르치기 시작했다. 약 3개월이 지난 후 나는 이제 도면을 두려워하지 않게 되었고, 어떤 제품이든 가공할 수 있을 것 같다는 자신감이 생겼다. 그러나 그 무렵 평소에 나를 무시하고 못살게 굴던 직장 상사의 폭언에 결국 회사를 그만두고 나와 버렸다.

"하나님, 저도 모르겠습니다. 직장 생활이라는 게 참 쉽지 않네요. 저의 미래는 어찌 되는 건가요?"

두세 달 방황하던 나는 마산에 있는 조금 더 작은 회사로 이직했다. 직장 생활을 하면서 느낀 건, 열 명 중에 정말 이상한 사람이 하나쯤은 있다는 것이었다. 그래서 열 명 미만의 회사를 찾아 이직했다. 그렇게 새로 일을 시작하고 두 번째 월요일이 되었다.

"마, 니 나 따라온나."

난폭하게 생긴 아저씨뻘 되는 사람이 나를 공구 창고로 데려갔다.

"니 뭐 하는 놈인데?"

"네?"

"니, 뭐 대단한 놈이가?"

"그런 건 아닙니다만…."

"그런데 왜 일요일에 출근 안 하는데?"

"네? 그런 이야기 없었는데요?"

"어디서 말대답하노?"

나는 이런 황당한 이유로 끌려가 두 대나 맞았다.

"그만두겠습니다."

나는 관리자를 찾아가 퇴사 사유를 설명했고, 그는 나에게 일요일 출근을 강요한 사람을 따로 불러 대화를 나누었다.

"계속 다니면 안 되겠나? 좋게 이야기했으니 다시는 일요일 출근을 강요하지 않을 기다."

나는 그때 일주일만 더 다녀야겠다고 생각했던 그 직장을 5년이나 더 다녔다. 근무 시간은 타 회사들에 비해 조금 긴 편이었지만 아무도 그것에 불만을 품지 않았고, 나도 회사 시스템에 맞춰 살아갔다. 많은 일이 있었고, 꽤나 흥미롭고 의미 있는 시간을 그곳에서 보냈다. 처음에 일요일 출근을 강요했던 사람과도 매우 친해져 나중에는 서로 웃으며 농담도 주고받는 사이가 되었다.

외국인 노동자들도 있었는데, 그들과도 처음에는 대립하는 부분이 있었으나 1년 정도 지난 후에는 친밀한 관계가 되어, 야식을 같이 먹거나 휴가 때도 만나서 같이 놀러 다니는 등 즐겁게 교류하며 지냈다.

입사 후 4년 차에는 나도 과장이 되어 회사에서 어느 정도 영향력 있는 위치에서 위아래 사람들과 화목하게 좋은 관계를 이어 갔다.

"마, 니는 연애 안 하나?"

가족과 친척은 물론 회사 사람들까지도 내 결혼에 관심이 많았다.

"네, 저는 일단은 혼자 있는 게 좋아서요."

"신기한 놈이네, 여자를 별로 안 좋아하는 건가?"

"사실 좀 그렇기도 해요."

"결혼해서 애 낳아 보면 또 달라진다."

"죄송한데, 제가 자식 키우는 데도 별로 흥미가 없어서요."

"와?"

"개인 사정이 좀 있어서요."

"거참 신기하네."

사람을 만날 수 있는 기회도 몇 번 있었다.

"정민아, 행님이 니만 오케이 하면 바로 연결시켜 줄 수 있다. 한번 안 만나 볼래?"

"말씀은 감사합니다만, 제가 일단 시간이 잘 안 나고요, 아직 누구를 만날 생각이 없습니다."

"야, 니 나이에 과장 되는 게 쉬운 게 아니야. 지금이 기회라니까? 시간은 왜 안 되는데?"

"제가 오전 5시 30분에 일어나서 출근하고 저녁 8시 40분에 일을 마치는데, 뒷정리하고 문 닫으면 사실상 9시예요. 차가 없으니 걸어 나와서 버스 타면, 집에 도착하는 시간이 밤 10시 20분입니다."

"주말에 보면 되잖아?"

"저희 회사는 토요일에도 5시까지 근무해요. 일요일에는 아시다시피 제가 교회에 가야 하고요. 거기다 일요일에도 종종 특근을 합니다."

"그럼 그나마 여자를 만날 수 있는 곳이 교회뿐인 건가?"

"네, 사실상 그렇죠."

"거참, 암담하네. 그러면 교회 여자 만나면 되겠네."

"그게 또, 제가 교회 여자들하고 별로 안 친해서요."

"그러니까 행님이 소개해 주는 사람 만나면 딱 되는데! 거참 시간이 아쉽네."

사람을 만날 수 있는 기회를 전부 거절하고 혼자 자유롭게 지내다 보니, 어느덧 그 회사에서 서른 살을 맞이했다. 나는 회사 업무 중 어떤 제품을 통해 내가 더 배워야 하는 타이밍이라는 것을 깨달았다. 고민하던 그때, 기회는 생각보다 빨리 찾아왔다.

"정민아, 교회는 그만 가고 이제 회사에 충성해라. 너보고 교회나 계속 가라고 과장 달아 준 거 아니다. 계속 이런 식이면 너랑 함께 일하기 어렵다."

내가 퇴사를 결심하게 된 결정적인 한마디였다.

"저, 일 그만두겠습니다. 여기서 오래 일하긴 했는데, 부장님도 저 말고 다른 사람하고도 일해 보고 싶으신 거 같고, 저도 배움이 얕아 한계가 있는 듯하니, 밖에 나가 더 배우고 견문을 넓혀서 오겠습니다."

"그래? 나간다고? 알겠다. 언제까지 일할 건데?"

"사람을 구해야 하니, 다음 달 말까지 하면 될까요?"

"그래라."

그러고 나서 나는 다짜고짜 창원 폴리텍 대학을 찾아갔다.

"선생님, 저 더 배우고 싶어서 찾아왔습니다."

"넌 졸업했잖아. 졸업생을 어떻게 다시 받아?"

"그때랑 지금이랑 시대가 너무 달라졌어요. 현장도 많이 바뀌었고, 더 배울 필요가 있다고 생각합니다."

"그래도 안 돼, 인마."

"그러지 말고 한 번만 도와주십시오. 기초부터 다시 배워 보겠습니다."

"하, 이거 참. 일단 나 혼자 결정하자 못하니까, 돌아가서 연락 기다려 봐."

그럼에도 불구하고
나를 사랑하시는 주님

나는 그제야 하나님을 찾았다.

"하나님, 오랜만이네요. 제가 이렇게 뭔가 필요해서 하나님을 찾는 거 말입니다. 그동안 무슨 일이든 저 스스로 해결해 왔어요. 하나님께 묻지 않고 제 방식대로 일을 처리해 왔지만, 그중에서도 하나님은 제게 복을 주시어 의로운 길로 매번 인도하여 주셨습니다. 이번에는 제 영역 밖의 문제네요. 이제야 찾아서 죄송합니다. 하나님의 선하시고 기뻐하시고 온전하신 뜻이 무엇인지 분별하기를 원합니다. 사람이 마음으로 자기 길을 계획할지라도 그 걸음을 인도하시는 분은 여호와 하나님이신 줄을 내가 아노니, 하나님의 뜻이 이 가운데서도 이루어지기를 원합니다."

    나는 그다음 해 입학 시즌에 맞춰 다시 폴리텍 대학에 지원할 수 있었다. 폴리텍 대학 입학까지 1년 가까운 시간이 남은 터라 아르바이트를 하면서 가볍게 시간을 보내고 있을 때, 일요일에 출근을 안 한다며 나를 창고로 끌고 갔던 사람에게서 연락이 왔다.

"잘 사나? 행님이다."

"오랜만이네요. 잘 지내십니까?"

"그래. 마, 사장이 니보고 다시 오란다."

"저 이미 다른 일 하고 있는데요?"

"그라지 말고, 마, 사장이 니가 원하는 조건이 뭔지 물어 보라 더라."

"네? 그런 거 없는데요."

"니 나가고 나서 몇 놈 들어왔는데, 중간에 사고 나서 기계 다 뿌사뭇다. 어떤 놈은 도망가서 일도 안 하고 놀고 완전히 지 맘 대로라 쪼매 뭐라 했드만 바로 나가더라."

"기계가 다 부서졌어요?"

"난리다, 난리! 그냥 니가 다시 온나."

"안 가요. 저도 더 배울 게 있어 나온 거라 현재로서는 돌아갈 계획이 없어요. 종종 연락할게요."

그런 일들이 있을 때쯤 교회에서 가장 아끼던 후배의 결혼식이 있었다. 초등학교 4년 후배로 당시 CCC 간사였던, 내가 살아오면서 알고 지낸 많은 사람 가운데 성경 말씀대로 살아가려고 노력하는 몇 안 되는 사람 중 한 명이었다.

'다 이루었다.'

예수님이 십자가에서 하신 말씀. 그냥 그런 생각이 갑자기 들었다. 결혼식을 마치고 나오는데 마음이 편안해서 하늘을 보고 있노라니 이제 떠날 때가 된 것 같았다.

교회를 옮기는 것에 대해 하나님께 여쭤 본 지 딱 10년 만인 내 나이 만 31세, 2017년 5월 셋째 주. 나는 학창 시절을 보낸 정든 교회를 떠나, 미취학 아동이었을 때 잠시 머물렀던 순복음교회로 옮겼다.

"나를 이제야 여기로 보내신 하나님의 뜻이 있겠지요? 더 일찍 올 수도 있었는데, 어찌다 보니 이제야 왔습니다."

다시 찾은 교회는 10년 전 내 기억에 남아 있는 모습과 사뭇 달랐다. 내가 대학생 때 함께 예배드렸던 청년들은 모두 결혼해서 떠나고 없었고, 나이 차이가 많이 나는 후배들과 함께 예배를 드리게 되었다.

'나를 이곳에 보내신 하나님의 뜻이 무엇일까? 여기서 무엇을 해야 할까?'

그렇게 질문을 던지는 사이, 나는 다시 폴리텍 대학에 다니며 과거와 다르게 이번에는 학과 대표로서 의미 있는 시간을 보냈다. 앞장서서 전진하는 리더십은 아니었지만, 모두의 의견을 수렴하고 최적의 조건을 찾아 가장 합리적이고 불만이 없는 길을 선택하는 나만의 방식으로 1년간 학과 운영에 이바지하였다. 물론 나의 이런 리더십을 답답해하는 교수님의 마음은 이해했지만, 그래도 이게 방식이고 내 스타일이었기 때문에 이 자리까지 올 수 있게 나를 연단하여 주신 하나님께 감사하는 마음으로 꿋꿋이 나의 길을 걸었다.

자격증 시험에서는 내가 다루던 컴퓨터에 문제가 생겨 어쩔 수 없이 재부팅하는 상황이 발생하였으나 하나님의 은혜로 기적처럼 제 시간 안에 시험을 치렀고, 졸업 작품도 하나님이 주신 지혜로 모든 사람이 놀란, 세상에 다시 없을 위대한 걸작품을 만들어 냈다.

교회학교 교사로서 겪은 황당한 일

　대학 생활을 마치고 신체검사에서 4급 보충역 판정을 받아 공익근무요원으로 복무하던 시절, 나는 교회 대학부에서는 대접받지 못했지만 어른들은 그런 나를 불쌍히 여겨 교사의 직분을 맡게 해주었다. 그때 나는 그동안 미처 몰랐던 나의 가르치는 은사를 발견하였고, 내가 아는 성경적 지식을 누군가에게 전해 주는 것이 얼마나 행복한 일인지도 그때 처음 깨달았다.

　세대 차이가 많이 나지 않은 나를 좋아해 주는 초등학생들이 제법 있었고, 특히 나는 우리 집과 가까웠던 보육 시설에 사는 열에서 열두 살 남짓 되는 초등학생들과 자주 교류하였다. 교회에서 우리 집에 가려면 꼭 그곳을 지나쳐야 했는데, 내가 집에 갈 때면 내 뒤로 초등학생들이 졸졸 따라왔다. 우리 집과 보육시설은 직선 거리로 100미터 정도밖에 되지 않아 아이들이 몰래몰래 숨어 알음알음 우리 집 앞까지 따라오곤 했기 때문에 다시 돌려보내느라 매번 곤욕을 치르곤 했다.

1년이 지나고, 또 1년이 지나 애들이 6학년이 되고 핸드폰이 생기기 시작하자, 남자아이들은 자기들끼리 놀러 가기에 바빴고, 여자아이들은 방학만 되면 나를 찾아왔다.

"얘들아, 이제 너네 다 커서 계속 오면 내가 불편해."

"왜 우리가 불편해요? 기분 나빠요!"

"아니, 그런 게 아니라, 이걸 어떻게 설명해야 하지…. 이제 너희도 청소년이고 사춘기가 시작되었을 텐데, 남자 선생님인 나를 너네가 계속 따라다니면 다른 사람들이 보기에도 별로 안 좋아."

"왜요? 우리는 좋아서 오는 건데…. 누가 그러는데요? 이름 말해 주세요."

"아니, 그런 게 아니고…"

"선생님도 우리가 저기 산다고 무시하는 거예요?"

"아니, 그런 게 아니야! 그러니까 너네가 이제 다 커서 키도 나랑 별로 차이가 안 나고, 어릴 때와는 상황이 많이 다르다고. 이렇게 계속 같이 다닐 수는 없어."

"선생님 좋은 사람인 거 알고 있고, 우리가 좋아서 따라다니는 거니까 누가 뭐라 해도 신경 쓰지 마세요."

"아니, 그게 아니라니까…."

무언가 잘못되었다는 생각이 들었다. 나는 다른 선생님들께 말씀드리고 교사를 그만두기로 했다. 그렇게 교사의 직분을 내려놓으면 나는 나의 삶을 살 수 있을 줄 알았다.

"선생님!"

"헉, 뭐냐, 너?"

"이 시간에 버스 타시는 거 다 알아요."

"그래, 그렇구나."

"왜 선생님을 그만두신 거예요?"

"나도 이제 직장 생활 시작해야지. 바쁘기도 하고."

"제가 싫은 건 아니죠?"

"아니야, 그런 건."

"그럼, 제 아빠 해주세요."

일을 행하시고 성취하시는 여호와

"뭐?"

"저 아빠 없거든요. 그러니까 제 아빠 해주세요."

"아이고, 너랑 나랑 나이 차이도 별로 안 나고, 내가 아빠가 될 나이도 아니야. 그건 안 돼!"

"왜 안 돼요? 선생님 몇 살인데요?"

"나는 스물다섯 살이고, 너는 열세 살이니 부모가 될 수 있는 나이 차이는 아니지."

"많이 나는데요?"

"아니, 니가 태어났을 때 나는 열두 살이었다고. 그때 무슨 애를 낳니! 거기다 니가 일흔이 되면, 나는 여든둘이야. 나중에 보면 그게 그거라고. 별로 차이 안 나는 거야."

"아, 그렇구나. 그래도 아빠 해주세요. 저는 아빠가 필요해요."

"말이 안 통하네. 나 버스 와서 간다."

그때부터였다. 그 여자애는 일주일에도 두세 번씩 나를 찾아왔다. 아니, 어쩌면 매일 찾아왔으나 마주친 게 두세 번이었는지도 모르겠다.

"하나님, 이건 뭡니까? 왜 나에게 이런 혹이 붙는 거죠? 애는 자꾸 따라오고, 밀어내는 데도 한계가 있습니다. 주변 사람들은 분명히 나를 이상한 사람으로 볼 텐데, 내가 뭘 어찌해야 합니까?"

기도를 해보아도 뾰족한 수가 없었다. 같은 동네에 살았고, 이미 내 행동 패턴을 너무나 잘 알고 있었던 아이들과 담을 쌓을 수도, 그렇다고 품어 줄 수도 없었다. 다른 여학생들은 종종 안부 인사나 전하는 수준이었지만, 유독 한 녀석은 나를 졸졸 따라다녔다.

시간이 흘러 내가 첫 번째 직장을 그만둘 무렵, 나를 따라다니던 녀석은 중학교 3학년이 되었고, 그쯤 되자 나도 그냥 자포자기한 심정으로 그 녀석과 교류하며 지냈다.

"니가 알아서 해라. 이미 너를 열 살 때부터 봐왔는데, 이제 와서 뭐라고 부르든 무슨 상관이 있겠니."

"앗싸! 그럼 아빠 해주는 거죠?"

"대신, 나도 조건이 있다."

"뭔데요?"

"교회 잘 다닐 것. 사고 치지 말고 열심히 학교 다닐 것."

"그거야 당연하죠."

그러고 나자 얼마간 그 녀석은 나를 찾지 않았다.

"요 며칠 안 보이네? 뭐, 안 오면 나야 편하고 좋지. 나도 이제 좀 쉬자."

그러고 며칠이 지나서 카카오톡 메시지가 왔다.

'밥 사주세요.'

밥 정도 사주는 게 뭔 대수겠나 싶어서 나갔더니 처음 보는 남자애가 같이 나와 있었다.

"인사드려, 나한테 아빠가 되는 선생님이야."

"안녕하세요."

"어, 어. 그래, 안녕! 그런데 누구지?"

"남자 친구 생겨서요. 인사시켜 드리려고 데려왔어요."

그때부터였다. 그나마 하루하루 살아가던 내 삶에 엄청난 무게로 나를 누르는 바위가 생긴 것은.

"가정 통신문에 사인 좀 해주세요."

"내가?"

"네!"

"이건 내 권한이 아닌데…. 이런 건 보육원 선생님들께 말씀드리는 게 맞지 않니?"

"상관없어요."

막무가내로 찾아와 이것저것 부탁하기도 하고, 종종 서로 기념일을 챙기면서 이게 뭐 하는 상황인지 종잡을 수 없는 하루하루가 흘러갔다.

"이거 받으세요."

"뭔데?"

"빼빼로요."

"고맙다."

"밸런타인데이 때는 초콜렛 사주세요. 그리고 저 갖고 싶은 거 있어요."

"뭔데?"

"이거요."

"비싸잖아!"

"영화 보러 갈래요?"

"내가 영화 보는 걸 별로 안 좋아해서."

"노래방 갈래요?"

"지금은 시간이 안 돼. 다음에 가자."

"쇼핑 갈 건데 따라와요."

"나 지금 매우 피곤해. 주말인데 좀 쉬자."

"나 혼자 못 들어요."

"남자 친구 있잖아."

"아, 짜증 나게 하네. 그냥 오라면 와요."

사실 전부 내 돈 써서 뒷바라지하는 것이나 마찬가지인데 내가 왜 이런 대우를 받아야 하나, 어디서부터 잘못된 건가 과거를 돌아보며 현재를 한탄하다 보니, 어느새 그 녀석은 고3이 되었다. 뒤늦게 철이 들었는지 조금은 말이 통한다 싶던 무렵 그 애가 말했다.

"저 대학 갈 때 도와줄 수 있어요?"

"그건 좀 아닌 듯싶다. 물론 니가 형편이 어려운 건 알겠는데, 내가 생각한 만큼 니가 바르게 자란 건 아니라서 도울 만한 자격 요건을 갖추지는 못한 것 같다. 보육원에서 해결책을 찾는 게 좋겠어."

"내가 왜요?"

"밖에 나가서 교복 입은 여자애 아무나 붙잡고 니 이름 대면 애들이 다들 나한테 '죄송합니다' 그래."

"그게 누군데요?"

"알아서 뭐하게. 그냥 좀 착하게 살지."

"쌤한테는 잘하잖아요."

"그렇긴 하다만, 아무튼 안 되는 건 안 돼."

"알겠어요. 그럼 다른 이야기 해요. 제가 남자 친구를 새로 사귀었는데요…"

그렇게 이성 교제 상담을 하고는 헤어져서 각자 집으로 갔다. 그런데 다음 날 황당한 메시지를 받았다.

'선생님이 어제 말씀하신 것들, 성희롱으로 경찰에 신고할게요.'

말도 안 되는 카톡을 받고는 어이가 없어서 한동안 말이 안 나왔다. 연애 상담 중 이것저것 질문에 대답한 것들이 문제가 되었나 싶어 찬찬히 되짚어 보았으나, 아무리 생각해 보아도 성희롱이 될 만한 부분은 없었던 것 같았다. 하지만 경찰은 내 의견은 전혀 듣지 않을 것이 분명했다. 나도 나름대로 대응이 필요했다. 먼저 그 녀석에게 메시지를 보냈다.

'너, 내 전공이 경찰행정학인 건 알고 있지? 왜 이런 식으로 하는지 모르겠는데, 너랑 나랑 인연 끊을 각오는 해야 할 거야.'

그러고는 그 녀석과 나누었던 약 7년간의 카카오톡 대화 내용을 전부 찾아냈고, 거기서 확실한 증거자료로 채택될 만한 대화 내용을 캡처하여 그 녀석에게 보냈다.

'이게 그동안 너와 내가 대화한 내용이다. 니가 아빠가 되어 달라고 한 것부터 웬만한 대화는 다 가지고 있어. 신고하고 싶으면 신고해 봐. 아마 혐의 없음으로 종결될 거야. 신고하든지 말든지는 니가 알아서 하고, 앞으로 두 번 다시 연락하지 마라.'

곧바로 답이 왔다.

'미쳤어요? 이걸 왜 가지고 있는 건데?'

'시끄럽다, 그만해!'

그로부터 한 달 가까운 시간을, 경찰서에 출두했을 때 어떻게 해야 할지에 대해 고민하느라 끙끙 앓았다. 그러다 3개월쯤 지난 무렵 그 녀석이 나를 찾아왔다.

"죄송합니다. 한 번만 봐주세요. 돈이 정말 급해서 그랬어요."

"알겠으니까 가서 니 삶을 살아라. 더는 나를 찾지 마. 너도 이제 곧 성인이니까 알아서 잘 살아가겠지? 잘 지내라."

그렇게 무려 10년 가까이 알고 지내며 사실상 내가 키운 거나 다름없는 아이를 떠나보냈다.

나는 기본적으로 양아치를 싫어했기에 옳은 길로 이끌어 보려고 10년에 가까운 세월 동안 나름의 노력을 해보았으나 내가 통제할 수 있는 영역에는 한계가 있었다. 자식 키우는 게 마음대로 안 된다는 게 무슨 말인지 어렴풋이나마 알 것 같았다.

만약에 그 녀석이 나와 유사한 성격에, 또 나와 비슷한 환경에서 자랐다면, 나는 돈을 모아서라도 도와주었을 것 같다.

간증을 전하는 자로의
부르심

　나는 교사로 봉사한 것에 큰 후회와 실망을 하고 두 번 다시는 교사 직분을 받지 않겠다고 결심했다. 교회를 옮기고도 교사로서의 직분은 결사코 거절했는데, 사연을 모르는 순복음교회 사람들은 억지로라도 나를 교사 자리에 앉히려 하였다. 중고등부 부장 교사에게 부득이하게 그 사연을 말했다가 '성범죄를 저지르고 교회를 옮긴 것이 아니냐'라는 말도 안 되는 누명만 쓰고 말았다.

　부장 교사가 이런 식으로 나에게 말했다. '니가 결백하다는 걸 증명하고 싶으면 교사를 해라. 교사를 해서 니가 정말 문제 없는

청년이라는 걸 증명해 봐라. 안 그러면 못 믿겠다.'

나는 내가 정상적인 사고를 가진 사람이라는 걸 증명하기 위해, 교회를 옮기자마자 어쩔 수 없이 또 교사 직분을 맡게 되었다. 뜻하지 않게 감시당하는 입장에서 반강제로 교사로 봉사하는 상황이 기분 나쁘고 억울하고 화가 나서라도, 제대로 무언가를 해서 이 교회 학생들이 올바른 신앙관을 확립할 수 있도록 도와주어야겠다는 일념으로 교사 생활을 했다.

'주일학교도 힘들지만, 중고등부도 쉽지 않지. 특히 여학생들과는 다시는 친하게 지내지 말아야겠다.'

나는 이전의 경험 때문에 순복음교회로 옮기고 나서는 의도적으로 여학생들을 멀리하고 피했다. 다행히 내 우려와 다르게 학생들은 인성도 바르고 가치관도 뚜렷했다. 하나님 앞에서 바르게 살아 보려고 몸부림치는 아이들을 보면서 내 마음도 조금씩 열렸다.

나는 중학생 남자아이들을 담당했는데, 사춘기가 시작되면서 종종 이 아이들이 흡연 문제로 나에게 상담을 요청해 오곤 했다.

"선생님, 성경에 담배 피우지 말라고 되어 있어요? 왜 담배 피우면 안 돼요?"

"물론 성경에 담배 피우면 안 된다는 말씀은 없지. 하지만 이런 말씀은 있어. '너희가 하나님의 성전인 것과 하나님의 성령이 너희 안에 계시는 것을 알지 못하느냐.' 담배를 피우면 건강에 해롭잖아? 호흡기 질환이 생길 가능성도 높고, 심폐 지구력도 떨어지고, 혈액 순환에도 좋지 않고, 장기적으로는 피부에도 악영향을 미치지. 몸이 상한다는 건 니네들도 아마 잘 알고 있을 거야. 그러니 성전인 너희 몸을 담배로 상하게 하면 되겠니?"

"아니요."

"로마서 12장 1절에 이렇게 나와 있어. '그러므로 형제들아 내가 하나님의 모든 자비하심으로 너희를 권하노니 너희 몸을 하나님이 기뻐하시는 거룩한 산 제물로 드리라 이는 너희가 드릴 영적 예배니라.' 자, 여기서 우리 몸을 하나님이 기뻐하시는 제사로 드린다는 것은 우리의 생활이 예배가 되어야 한다는 말이거든. 삶이 예배가 되려면 행동이 깨끗해야겠지? 그렇게 몸과 마음을 정결하게 해야 하나님이 기뻐 받으시는 진정한 예배를 드릴 수 있어. 그런데 학생이 그 본분에 어긋난 흡연을 해서 몸을 망치면 되겠니?"

"쌤! 근데요, 솔직히 담배 끊기 진짜 어려워요."

"물론 금연이 쉽지 않다는 건 나도 잘 알고 있어. 하지만 너희는 아직 어리고 이제 막 담배를 배운 시기라서 조금만 노력하면 충분히 좋은 결과에 도달할 수 있다고 봐. 그럼에도 너희가 굳이 담배를 피우겠다고 한다면, 나는 말리지 않는다. 그것 또한 너희가 선택하는 길이고, 그에 대한 책임은 너희가 지게 될 거니까. 어린애 취급 받는 거 싫다며? 그럼 그에 맞는 책임을 질 준비도 되어야겠지? 정말 담배가 피우고 싶으면 교회에서 멀리 떨어진 곳에서 숨어서 피우고 뒷처리도 잘하고 와라. 예수님께서 교회를 향해 '내 집은 만민이 기도하는 집'이라고 하셨고 교회는 거룩한 곳이니 교회 인근에서 담배를 피워서는 안 돼. 누구든지 하나님의 성전을 더럽히면, 하나님이 그 사람을 멸하시리라고 했어. 내 눈에 담배 피우는 모습이 보이면 그에 대한 책임도 반드시 져야 할 거다."

"네, 알겠습니다."

"그래, 그럼 오늘 예배 마치고 오후에 축구 한 판 어때?"

"오! 좋아요."

간혹 정말 난감한 질문을 받을 때가 있다. 대부분의 선생님은 대답을 회피하거나 윽박질러 아예 질문을 할 수 없게 막아 버린

다. 하지만 이것은 매우 잘못된 방법이며, 아이들이 교회나 성경에 대해 의문점을 갖게 할 수 있다.

교사가 무능한 것이 자칫 교회에 대한 평가가 될 수도 있으니, 아이들을 가르치는 교사라면 충분한 성경적 지식을 가르치고, 말씀을 삶에 적용시킬 수 있는 방법을 연구하고 찾아 올바로 전달해야 한다.

"선생님, 야동은 왜 보면 안 돼요?"

실제로 사춘기 남자아이들에게 자주 받는 질문이다. 그들은 자신의 부모에게 물어 보기 곤란한 질문들을 교회 선생님에게 묻곤 한다. 학교 선생님은 부모와 밀접한 관계가 형성되어 있어서 자칫 비밀이 새어 나갈 수 있으나 교회 선생님은 상대적으로 안전하다고 판단하기 때문에 난해한 질문을 부담 없이 던질 수 있다고 생각한다. 그러므로 교회 선생님들은 더욱더 공부를 많이 해야 하며, 긱종 곤란한 질문에도 대답할 수 있도록 지식을 쌓아야 한다.

"예수님은 여자를 보고 음욕을 품는 자마다 마음에 이미 간음한 것이라고 하셨고, 소돔과 고모라도 결국 사람들이 성욕을 절제하지 못하고 음란하게 행동해서 불과 유황으로 불타는 결말을 맞이한 거지. 불과 유황 하니까 생각나네. 요한계시록을 보면 둘째 사망에 대해 이야기하고 있어. '두려워하는 자들과 믿지 아니하는 자들과 흉악한 자들과 살인자들과 음행하는 자들과 점술가들과 우상 숭배자들과 거짓말하는 모든 자들은 불과 유황으로 타는 못에 던져지리니 이것이 둘째 사망이라'라고 이야기하는데, 여기서 음행하는 자들이 바로 야동 같은 음란한 유혹에서 빠져나오지 못하는 자들을 가리키지. 유혹의 욕심을 따라 육신의 정욕을 추구하면 결국 죽음에 이르게 되는 거야. 로마서에서 말씀하기를 '육신의 생각은 사망이요 영의 생각은 생명과 평안이니라'라고 했어. 너희가 계속 성욕을 절제하지 못한다면, 지옥열차 좌석을 예매하는 꼴이 될 수도 있으니 얼른 정신 차리는 게 좋을 것 같다."

"아! 그럼 술은요?"

"에베소서에는 '술 취하지 말라 이는 방탕한 것이니 오직 성령으로 충만함을 받으라'라고 되어 있거든?"

"그럼 한 잔 마시는 건 괜찮네요?"

"아니, 거기서 말하는 '취하다'는 '물건을 취하다'라는 뜻이야. 애초에 술을 가까이하지 말라는 말이지. 그럴 정신이 있다면 성령으로 충만함 받고 성령님께 집중하라는 뜻이고. 그건 조금 더 말씀을 가까이하고 기도에 힘쓰면 돼."

아이들은 신앙이나 눈에 보이지 않는 영적 세계에 관해서도 종종 질문한다.

"쌤! 그럼 구원은 어떻게 받을 수 있어요?"

"에베소서에 '너희는 그 은혜에 의하여 믿음으로 말미암아 구원을 받았으니 이것은 너희에게서 난 것이 아니요 하나님의 선물이라'라는 말씀이 있어. 여기서 예수님을 믿는다는 것, 구원에 대해 말하기 전에 믿음에 대해 먼저 이야기해야겠네. 믿음이란 한마디로 의심하지 않는 것이라고 할 수 있어. 0.001퍼센트도 의심하지 않는 것. 만일 너희가 절벽에서 떨어질 것 같으면 너희 부모님이 너희의 손을 잡아 주지 않겠어?"

"그렇겠죠?"

"당연하지. 설마 자식이 절벽에서 떨어지는데 잘 가라고 손 흔들어 주는 부모가 있겠니? 믿음은 바라는 것들의 실상이고, 보지 못하는 것들의 증거야. 너희가 '내가 지금 절벽에서 떨어져 거의 죽게 되었사오니, 부모님이여, 내 손을 잡아 나를 구원하소서'

하고 소리를 치기도 전에 너희 부모님은 이미 너희 손을 잡고 계실 거야. 우리 부모님은 당연히 내 손을 잡아 줄 거라는 믿음, 우리가 바라는 그것이 이루어지는 것, 그것이 믿음이고, 하나님이 움직이시는 것이 눈에 보이지는 않지만 그것이 역사가 되어 증거로 나타나는 것, '아, 하나님이 하셨구나' 하고 우리가 깨닫게 되는 것, 그것이 바로 히브리서 11장 1절에서 말하는 믿음이야. '믿음이 없이는 하나님을 기쁘시게 하지 못하나니 하나님께 나아가는 자는 반드시 그가 계신 것과 또한 그가 자기를 찾는 자들에게 상 주시는 이심을 믿어야 할지니라'라고도 했어. 예수님이 하나님의 아들인 것과 우리의 죄를 대신하여 십자가에서 돌아가신 것, 그리고 사흘 만에 부활하시어 하나님 보좌 우편에 앉아 계시고, 마지막 날에 심판의 주인으로 다시 이 땅에 재림하시는 것을 너희가 믿을 수 있어야 해. 그래서 온전한 마음으로 말씀을 받고, 성경 말씀을 신뢰하고, 날마다 기도하며 하나님께 너희 구할 것을 감사함으로 아뢰면, 하나님이 너희 필요에 맞게 공급해 주실 거야."

"어려운데요?"

"믿음은 들음에서 나고, 들음은 그리스도의 말씀으로 말미암는 거야. 순종이 제사보다 낫고, 듣는 것이 숫양의 기름보다 나으니, 예배에 빠지지 말고 참석하여 설교 시간에 목사님 말씀에 집중하고 성경을 많이 읽어. 그러면 자연히 알게 될 거야. 자, 그럼 구원은 뭐냐? 값없이 대신 치러 주는 대가를 통해 우리를 죽음에서 건져 내는 거야. 우리는 태어나면서부터 죄를 지닌 존재로, 본질상 진노의 자녀야. 그렇기 때문에 그 죄의 문제를 해결해 주시려고 죄가 없으신 하나님의 아들 예수 그리스도가 이 땅에 오신 거지. 우리는 하나뿐인 아들을 우리를 위해 보내 주시고 그 아들을 죽음에 내어주기까지 우리를 사랑하여 주신 하나님의 사랑에 감사할 수 있어야 해."

"왜 우리가 죄를 가지고 태어났어요?"

"아담과 하와가 지은 원죄 때문이야. 에덴동산에서 선악과 따 먹은 이야기는 알고 있잖아. 그 죄가 흘러 흘러 계속 내려온 거지. 그래서 예수님이 십자가에서 죽으심으로 아담과 하와가 지은 원죄와 우리가 살면서 짓는 자범죄까지 모두 깨끗하게 씻어 주셨어. 우리는 그 예수님을 믿기만 하면 구원에 이르는 거야."

"왜 예수님이 죽어야 했어요?"

"'나의 죄를 씻기는 예수의 피밖에 없네', '죄에서 자유를 얻게

함은 보혈의 능력 주의 보혈'이라는 찬송가 가사를 잘 생각해 보면 알 수 있듯, 인간의 죄를 씻을 수 있는 건 신이면서 인간의 육체를 가지고 세상에 오신 죄 없는 예수님의 피야. 예수님께서 피 흘리심으로 우리 죄가 깨끗해지는 게 구원의 조건이었거든. 아담으로부터 흘러내려 온 죄악이 하나님과 우리 사이를 갈라놓았고 그 원죄로 인해 모든 사람이 죄를 범하였기 때문에, 그것을 다시 이어 주는 게 예수님의 십자가 사랑이라는 거지. '십자가의 도가 멸망하는 자들에게는 미련한 것이요 구원을 받는 우리에게는 하나님의 능력이라'고 했어. 사도행전 4장 12절에는 분명히 '다른 이로써는 구원을 받을 수 없나니 천하 사람 중에 구원을 받을 만한 다른 이름을 우리에게 주신 일이 없음이라 하였더라'라고 말씀하고 있고. 그 구원으로 가는 길은 나의 죄 때문에 십자가에서 피 흘려 죽으신 예수님을 믿는 거야. 예수님은 우리의 범죄함을 인하여 내어 줌이 되고, 우리의 의롭다 하심을 위하여 살아나셨어. 예수님은 우리 죄를 짊어지고 십자가에서 죽으셨지만 3일 만에 다시 살아나시고 하늘로 오르시어 지금은 하나님 보좌 우편에서 우리를 위해 하나님께 아뢰고 계시지. 본래 우리는 마귀의 자녀로서 지옥에 가야 하지만, 우리가 아직 죄인 되었을 때 예수님이 우리를 위하여 죽으심으로 하나님이 우리에 대한 자기의 사랑을 확증하셨기에, 그 예수님을 나의 주님으로 영접하고 믿으면 하나님의 자녀가 되는 권세를 얻게 돼. 하나님이 말씀하시기를 '내가 너를 지명하여 불렀나니 너는 내 것이라'라고 하셨으니, 우리는 우리의 가고 서는 것이 모두 하나님께 있음을 고백하면 되는 거야. 힘들고 지쳐 낙망하고 넘어져 일어날 힘이 전혀 없을 때도 주님은 우리를 찾아와 말씀하셔 '너는 내 아들이라 오늘날 내가 너를 낳았도다'라고. 성경에서 하나님은 우리를 '나의 사랑하는 내 아들'이라고 하며 하나님이 친히 양자로 삼으신 하나님의 소유 된 백성이라고 말하고 있지."

"그러면 누구는 구원받아 천국 가고, 누구는 구원받지 못해 지옥 가고, 그런 게 정해져 있어요?"

"'사람이 마음으로 믿어 의에 이르고 입으로 시인하여 구원에 이르느니라'라고 했어. 구원은 예수님을 믿고 그분을 나의 주로 고백하는 데서 시작해. 너희 게임 좋아하지? 심시티 해봤어?"

"어, 뭔지는 알아요."

"그럼 이해가 쉽겠네. 그 게임에서는 내가 직접 도시를 건설하고 개발하고 공장을 짓기도 하고, 산을 무너뜨리고 도로를 놓기도 하지. 내가 왼쪽에서 공업을 발전시키는 것도, 오른쪽에 상업을 발전시키는 것도 모두 내 자유야. 심지어 태풍이나 기타 자연재해를 발생시킬 수도 있고, 내가 임의로 땅을 갈아엎을 수도 있어. 물론 그들은 시장에게 항의 성명을 발표할 수도 있고, 폭동을 일으킬 수도 있어. 하지만 그뿐이지. 모든 것은 내가 주관하거든."

"아, 그럼 심시티를 하는 선생님이 하나님인 거네요?"

"비유하자면 그렇지. 내가 북쪽이 마음에 들어 거기만 집중 개발할 수도 있고, 특정 지역을 골라 레벨을 올린 다음에 대도시로 키울 수도 있어. 물론 그들의 요구사항이 많아져 내가 무시할 수 없는 수준이 되면 지역개발에 참고할 수는 있겠지. 혹은 내가 집중적으로 키운 지역에서 나에게 요청하는 것이 있다면 내가 그것을 우선순위로 들어줄 수도 있고. 우리와 하나님의 관계도 그렇다고 볼 수 있어. 하나님이 너에게 복을 주셔서 너를 높은 곳에서 다니게 하시는 것도 하나님의 의지인 거고, 갑자기 너의 인생에 큰 환난이 닥쳐 시험에 들게 되는 것도 하나님의 뜻인 거지. 하지만 우리는 그것에 불만을 가질 수 없어. 왜냐하면 성경은 지음을 받은 물건이 자기를 지은 자에게 따질 수 없다고 말하고 있기 때문이지. 우리는 하나님의 만드신 바 선한 일을 위하여 지으심 받은 존재이기 때문에 우리를 창조하신 이의 뜻에 맞게 살아야 해. 상을 주거나 벌을 주거나, 개발하거나 초토화하거나 모든 것은 심시티를 플레이하는 유저의 마음이듯, 지금 우리의 삶 가운데 일어나는 모든 일도 하나님의 계획하심 속에서 흘러가고 있다고 보면 돼. 우리 가운데 역사하시는 하나님은 이 세상을 두루 살피시며 전심으로 하나님께 기도하며 간절히 하나님을 찾는 자에게 복을 주시는 분이시지. 구원? 우리가 잘나서 받는 게 아니라 그냥 하나님이 우리를 선택하심으로 얻는 것이기에, 우리는 그저 감사하면서 예수 그리스도를 주로 고백하며 하루하루 살아가면 되는 거야."

"쌤! 그럼, 가위 눌리는 건 어떻게 하면 돼요?"

"아…가위 눌리는 경험을 종종 하는 편이니?"

"네, 몸이 안 움직이고, 식은땀도 나고, 엄청 무서워요."

"그때는 예수 이름으로 쫓아내면 돼. '예수 이름으로 예수 이름으로 승리를 얻었네'라는 찬양이 있어. 너희는 잘 모를 수도 있는데, 거기 보면 '예수 이름으로 예수 이름으로 마귀는 쫓긴다'라는 가사가 있거든. 그 가사대로야. 무언가 영적인 세계에서 간섭이 일어날 때 '나사렛 예수의 이름으로 명하노니 내게서 떠나가라' 하고 예수의 이름으로 꾸짖으면, 가위 눌리는 것과 각종 흑암의 세력이 그 이름 앞에 굴복하며 물러갈 거야."

"정말요?"

"그럼! '예수의 이름으로 명하노니 떠나가라' 하면, 정말 그것이 부르르 떨면서 놀라 달아나. 그런데 반드시 예수의 이름으로 선포해야 하고, 주문을 외우듯이 하는 것이 아니라 호통을 치듯 강하게 외쳐야 해."

정답을 말하기 정말 곤란한 질문을 받을 때도 있다. 예를 들자면, 천지창조와 관련된 질문처럼 함부로 정답이라고 정의 내리기 어려운 질문들을 받으면, 나도 자료를 찾아본다. 인터넷을 뒤지며 자료를 찾고, 목사님들의 설교 영상을 듣고, 직접 주석을 찾아 읽어 보기도 하면서 다양한 자료들을 비교하고 검토하여 이해하는 시간을 가지면서도 '이걸 애들한테 말해도 될까?'라는 벽에 부딪힌다.

질문은 질문을 낳고, 의문은 또 다른 의문을 만들어 내기 때문에, 나중에 내가 감당할 수 없는 수준에 이를 수도 있다고 판단하는 것이다.

"이 질문은 내가 답할 게 아니라 목사님께 직접 여쭤 보는 것이 나을 것 같아. 이 질문은 저장해 놨다가 목사님께 여쭤 보도록 하자."

이것이 가장 현명한 대답이 아닐까 싶다.

"오! 쌤도 모르는 게 있네요?"

"내가 다 아는 건 아니지. 혹시 설명에 잘못된 부분이 있을 수도 있기 때문에 조심하는 것도 있고. 성경은 오실 예수님과 오신 예수님, 그리고 죽은 지 3일 만에 부활하시어 하늘로 올라가시고 마지막 날에 다시 오실 예수님에 대해 설명하는 책이지, 정보 전달과 지식 습득을 위한 백과사전이 아니거든. 요한복음에서 이렇게 이야기하고 있어. '오직 이것을 기록함은 너희로 예수께서 하나님의 아들 그리스도이심을 믿게 하려 함이요 또 너희로 믿고 그 이름을 힘입어 생명을 얻게 하려 함이니라.' 성경은 성령의 감동하심을 입은 사람들이 하나님께 받아 말한 것이기에, 우리는 이 성경을 더 많이 읽고 예배에 집중하는 삶을 살아야 해."

교사로 봉사하며
느꼈던 부분

　교사로서 나는 무작정 아이들을 통제하거나 억누르지 않았다. 내가 사춘기를 겪어 보니, 남자아이들은 그런 식으로 강제하면 더 악한 길로 가게 되는 것 같았다.

　나는 나 자신이 게임을 좋아했던 만큼, 아이들이 게임하는 것도 막지 않았다. 어차피 자신의 열정을 표출하지 못해 나쁜 길로 가는 것이니, 술이나 담배, 마약 등 몸과 영혼을 병들게 하는 더 나쁜 것들에 물들기보다는 차라리 조용히 게임하는 것이 더 낫다고 생각했다. 단, 몇몇 게임이 하나님의 창조 질서에 위배되는 형태라는 것은 분명하게 전달했다. 슈퍼마리오, 소닉, 고인돌 같은 고전 게임은 크게 문제가 되지 않았고, 스타크래프트까지도 별 문제는 없다고 여겨졌으나, 그 이후로 등장한 캐릭터 육성 장르는 인간이 또 하나의 세상을 창조해 그 안에서 사람들이 즐기며 그것을 관리하는 운영자가 존재한다는 개념이라 분명히 성경적이지는 않은 형태라고 볼 수 있었다.

   1990년대 후반, 캐릭터 육성을 목적으로 하는 게임이 등장하기 시작했는데, 자신을 투영한 아바타에 옷을 입히고 칼을 쥐여 주고 싸우게 만들어 레벨을 올리고 길드를 이루어 집단행동을 하게 하는 내용이었다. 2000년대 초반에는 제단에서 제사를 드려야 버프를 받을 수 있는 게임도 나오기 시작했다. 현대에 이르러서는 가상현실처럼 인간이 만든 서버에 인간을 집어넣고 관리하며 통제하는 게임까지 등장하였다. 아마 조금 먼 미래에는 판타지 소설에서나 볼 수 있었던, 캡슐에 들어가는 등의 방법으로 접속하여 현실과 똑같이 구현된 인간이 만든 가상 현실의 세상에서 사는 일이 일어날지도 모르겠다. 이러다 조만간 가상 세계에서 소통하며 교류하고 무리를 형성하여 사냥을 다니고, 더 나아가서는 그 속에서의 결혼 시스템을 통해 현실과는 또 다른 가정을 이루고 군락과 국가를 이루며 전 세계 사람이 하나의 서버에서 모두 만나는 그런 세상이 오지 않을까?

　우려 및 걱정과 함께, 위로 하늘에 있는 것이나, 아래로 땅에 있는 것이나, 땅 아래 물속에 있는 것의 아무 형상이든지 만들지 말고, 그것들에게 절하지 말며, 그것들을 섬기지 말라 말씀하신 십계명에 위배되는 모습이 점점 많이 나타나는 게임의 발전 상황을 지켜보게 된다. 게임이라는 장르는 아마 세월이 흐르면 흐를수록 더 하나님의 창조 질서와 맞지 않는 길로 흘러가지 않을까 심각하게 고민하기도 한다.

　눈이 밝아져 하나님같이 될 수 있다는 뱀의 꾐에 넘어간 아담과 하와처럼, 가상 현실 게임을 창조하고 NPC에게 인공지능을 집어넣어 생명을 부여하는 단계에 이르는 것이 게임 개발자가 스스로 창조주가 되어 하나님같이 되려는 큰 죄악의 길로 가는 것은 아닐까? 미래는 알 수 없지만, 게임이 이대로 계속 발전한다면 성경 말씀과는 분명히 다른 방향으로 가게 될 것 같아서, 게임을 좋아했던 한 사람으로서 착잡한 마음을 금할 길이 없다.

　아직 일어나지 않은 일이지만, 미리 경각심을 가지고 성경적으로 어떻게 풀어나가야 할지 고민해 보아야 할 것이다. 게임 판타지가 이미 하나의 장르로 대중화된 데다 과학의 발전 속도가 얼마나 빠른지까지 생각해 보면, 이러한 상황은 인간이 하늘을 나는 것이 실현되는 것보다 훨씬 빠르게 우리에게 닥쳐올 현실이 될 수 있다.

나는 그 당시 제자들과 소통하며 어울릴 수 있는 공통 관심사로 게임을 선택했다.

"요즘 무슨 게임 하는데? 같이 할까?"

"오, 선생님은 게임 뭐 할 줄 아세요?"

"총 쏘는 게임도 기본적으로 할 줄 알고, 축구 게임도 아이디는 가지고 있어."

"그럼 같이 피시방 가요."

"주일은 빼고, 토요일에 가자."

"일요일은 왜 안 돼요?"

"성경에 안식일을 기억하여 거룩히 지키라고 되어 있으니, 주일에 피시방 가는 게 맞는지는 너희 스스로 판단해 봐."

"그럼, 다음 주 토요일에 가요."

그렇게 나는 상식을 벗어나지 않는 선에서 아이들과 함께 즐겁게 놀고 맛있는 것도 먹으며 행복한 시간을 보냈다.

"30대 아저씨랑 붙어서 막상막하로 싸울 정도면, 너희 프로게이머는 좀 힘들 것 같은데? 노력이 많이 필요할 듯하니, 차라리 공부에 좀더 집중해 보지 그래?"

"치…."

"욕은 하지 말고, 이제 점심 먹으러 가자. 뭐 먹고 싶어? 먹고 싶은 걸로 사줄게."

"고기요!"

"이 시간에 고깃집 안 해."

"그럼 짜장면!"

"그래, 가자."

그렇게 다 같이 중국집에서 식사를 마친 후에도 나는 아이들과 함께 어울렸다.

"오후에 시간 되니? 공 차러 갈까?"

"쌤, 친구들 더 불러도 돼요?"

"그래라, 사람이 더 많으면 좋지."

그렇게 같이 축구를 하며 즐거운 시간을 보냈다.

"쌤, 왜 이렇게 못 뛰어요?"

"요즘 운동을 안 해서 힘드네. 저녁에는 뭐 먹을래?"

"고기요!"

"시간 돼?"

"잠시만요. 엄마한테 전화 좀 해보고."

한창 많이 먹을 나이에 머릿수도 제법 되는 관계로 비싼 고기를 먹을 수는 없었지만, 그래도 우리는 모두 행복했다. 그날 하루 식비로만 10만 원이 훌쩍 넘는 돈을 지출했지만 애들한테 쓰는 건 아깝지 않았다.

"감사합니다. 진짜로 사주실지 몰랐어요. 고기 사주는 선생님은 처음이라서요."

"그럼 그만큼 잘해라."

"네! 충성을 다하겠습니다."

"충성은 하나님께 하고, 교회 열심히 나와라. 떡을 먹고 배부른 것으로 끝나지 않았으면 좋겠어."

내가 교사로 봉사하면서 깨달은 것은, 아이들 무리에서 리더인 아이는 그냥 자유롭게 놔둬야 한다는 것이었다. 중고등부가 부흥하는 교회들을 보면 잘생긴 남자아이 또는 예쁜 여자아이, 혹은 싸움을 잘하는 아이가 한두 명씩은 꼭 있다. 그 아이들은 교회를 알리는 얼굴이며, 학생들을 모을 수 있는 핵심 간판이라고 할 수 있다.

예를 들어, 어떤 교회에 중학교 3학년 짱이 등록했다고 하자. 그러면 그 녀석에게 잘 보이기 위하여 많은 중학교 남자아이가 교회를 찾는데, 그중에는 외모가 남다른 아이가 한두 명은 꼭 있다. 잘생겼는데 성적도 상위권이고 운동도 잘하는 양아치. 그런 애들은 보통 학교 짱의 뒤를 따라다니며 얼굴마담 겸 두뇌가 되기도 하는데, 그런 애들이 교회를 찾는 경우가 종종 있다.

시간이 지나면 '어느 학교의 누가 어느 교회에 간다더라' 하는 소문이 퍼지기 시작하고, 이어 그 소문을 듣고 여학생들이 하나둘 찾아온다. 그럼 그중에 예쁜 애들이 있을 가능성이 생긴다. 미의 기준을 정하기는 어려우니, 여기서 예쁜 애들이란 상대적으로 화장 기술이 더 뛰어난 학생이라고 하자. 남자아이들보다 상대적으로 전도하기가 조금 더 수월한 여학생들은 예수님을 영접할 확률도 높다고 보면 된다. 아무튼 그렇게 되면 여학생들을 보기 위해 찾아오는 남학생들이 생기고, 다양한 성향의 아이들이 모이면서 복장이 불량한 청소년도 여럿 발견된다.

왕따라고 분류되는 학생들도 종종 교회를 찾아오곤 하는데,

그 친구들은 여학생들을 보러 왔다기보다 싸움을 잘하는 일진 무리와 친분을 쌓기 위한 목적이 크다. 같은 교회에 소속되어 있으면 같이 놀지는 못하더라도 괴롭힘을 당할 가능성은 현저히 낮아지기 때문이다.

  간혹 전도사님이 잘 생겼다든지 하는 이유로 학생들이 찾아오는 경우도 있다. 사람의 외모를 보고 남학생과 여학생들이 하나둘 교회를 찾아오기 시작하는 이 정도 단계가 되면 이미 중고등부는 부흥했다고 볼 수 있다.

  그런데 많은 선생님이 실수하는 부분이 바로 제일 처음 왔던 중학교 3학년 짱을 휘어잡으려 한다는 것이다. 아마 신성하고 거룩한 교회에서 제멋대로 행동하는 리더가 눈엣가시 같기 때문일 것이다. 그래서 '저 애가 리더니까 저 아이에게만 복음이 들어가면 모두 예수님을 구주로 영접할 거야'라는 생각에 무리수를 둔다.

  매우 낮은 확률이시만, 우리가 잘 아는 김익두 목사님의 이야기처럼 기적적으로 중학교 3학년 짱이 회심하고 예수님을 영접하는 경우도 있다. 그러나 이런 일은 인간이 할 수 있는 것이 아니라 성령의 역사이고 하나님의 축복이다. 그 정도 위치에 있는 아이가 변하여 새사람이 되는 일은 거의 없다. 그런데도 그걸 바꿔 보겠다고 건드리는 순간, 그동안 쌓아 온 공든 탑이 무너지기 시작한다. 아이들을 이끌던 리더가 교회에 등을 돌리면서 그 뒤를 따라 너도나도 교회를 떠난다.

그럼 어떻게 해야 하는가? 물론 모든 학생이 복음을 받고 예수님을 영접해 구원에 이르는 지혜를 얻을 수 있다면 좋겠지만, 그것은 정말 성령의 역사가 아니면 불가능하다. 중고등부 수련회, 그곳에 함께 참석할 수 있도록 하는 것이 가장 중요하다. 그렇게 되면 수련회는 사실상 난장판이 된다. 학교 짱과 그를 따르는 무리, 그리고 그중에 잘생긴 애들과 화장 기술이 뛰어난 애들, 더불어 정말로 성실하고 착실한 아이들까지.

기도? 안 한다. 예배 시간에 목사님께 욕이나 안 하면 다행이다. 중간중간 이탈하는 학생들을 잡으러 나가야 하는 선생님들의 고충도 있을 것이고, 학생들이 숨어서 담배를 피운다든지 간혹 시비가 붙어 다른 교회 학생들을 구타하는 경우도 발생할 수 있다. 밤에 카드놀이를 하거나 담을 넘어가 치킨이나 피자를 사 오기도 하고, 심하면 유리를 깨는 일도 생길 수 있다.

통제? 필요 없다. 물론 술을 구해 오거나 담배를 피우는 등의 선을 넘는 행위는 막아야 하지만, 강압적으로 무릎을 꿇게 하고 기도를 하게 하거나 마음에도 없는 찬양을 억지로 부르게 만들 필요는 없다. 수련회가 엉망이 되는 걸 보면 분명히 교사들이 나서서 통제하려고 할 텐데, 학생으로서 최소한의 도리만 지켜 준다면 건드리지 말고 그냥 내버려두는 것이 맞다.

이 수련회는 그들을 위한 수련회가 아니다. 그들을 따르는 무리 중에서 친구 따라 호기심에 교회를 찾은 아이, 사람의 외모를 보고 교회에 찾아온 아이, 또는 집사님, 권사님, 장로님들의 자녀들, 바로 그들에게 변화의 바람이 불어오는 수련회가 될 것이고, 또 그렇게 되어야 한다. 그러므로 학교 짱과 그를 따르는 무리는 그냥 상실한 마음대로 내버려두는 것이 현명하다. 은혜를 받은 아이들이 불쌍히 여기며 비통히 여기는 시선으로 그들을 바라봐 줄 것이기 때문이다. 하나님을 인격적으로 만난 아이들에게 양아치들은 오히려 기도의 제목이 되어 준다.

첫째 날, 둘째 날, 이렇게 시간이 지나다 보면 그들도 심령에 성령의 단비가 한 방울씩 들어간다. 그러다 마지막 결단의 밤이 되면 극소수 몇 명을 제외하고는 소란스럽게 하는 아이들이 현저하게 줄어든다. 100명이 넘는 사람이 모두 눈을 감고 기도하고 있으면 아무리 양아치라도 혼자서 날뛸 수는 없기 때문에 그냥 구석에 가만히 있거나 호기심을 가지고 사람들을 지켜본다. 그렇게만 되어도 매우 다행이다.

간혹 교사 중에 한 번의 수련회로 아이들이 변화를 경험하게 만들어 보려고 하는 분들이 계신데, 학생들의 변화는 교사가 아니라 성령님을 통해 일어나는 일임을 잊어서는 안 된다. 일을 행하시는 분은 하나님이시다.

수련회를 마치고 돌아오면 아이들의 행동에 변화가 생긴다. 자신이 생각한 수련회와 달랐다며 교회를 떠나는 아이들도 있을 수 있다. 제멋대로 살다가 복음의 씨앗이 심기는 아이들도 있을 수 있다. 재미있었다며 다음 수련회를 기대하는 아이도 있을 수 있고, 친구를 더 데리고 오거나 부모님을 전도해 모시고 오는 경우도 발생할 수 있다.

수련회를 열 번을 가도 안 바뀌는 애들은 안 바뀐다. 그 친구들의 가치는 다른 친구들이 교회를 즐겁게 다닐 수 있게 분위기를 만들어 주는 것에 있다. 물론 그들의 마음속에도 지속적으로 복음이 들어가고 영접 기도도 수차례 했을 것이다. 그렇다면 지금 당장은 아니더라도 군대에 가거나 자녀를 낳거나, 혹은 죽기 전에라도 예수를 주로 고백할 수 있다. 그러므로 당장 오늘 제멋대로 산다고 할지라도 그것으로 그 사람을 평가해서는 안 된다.

그렇게 중고등부를 마치고 스무 살이 되어 대학부 혹은 청년회로 올라간다면, 고등학교 3학년 때까지만 해도 열심히 교회에 다니던 아이들의 절반 이상이 교회를 떠날 것이다. 세상의 문화, 쾌락, 즐거움을 찾아 떠나겠지만 그 가운데서도 교회에 남은 청년들이 집사님이 되어 교회를 이끌어 갈 것이다.

물론 그들 중 일부는 결혼 생활을 시작하며 교회를 떠나기도 하고, 반대로 교회를 떠났다가 결혼 생활을 시작하고 교회로 돌아오는 사람들도 있다. 사람이 마음으로 자기의 길을 계획할지라도 그 걸음을 인도하는 분은 여호와 하나님이시니, 우리는 그저 우리 행사를 여호와께 맡기면 된다. 그러면 우리가 경영하는 모든 계획이 주 안에서 이루어질 것임을 확신한다.

나는 순복음교회에 오면서 내가 올바른 가치관을 가지고 있음을 증명하기 위해 교사 봉사를 시작했었다. 물론 초반에는 비록 약간의 오해로 시작한 교사였지만, 나의 노력으로 그 오해는 빠르게 풀렸고, 교사를 하는 내내 항상 행복했고 즐거웠으며 감사하는 마음으로 섬길 수 있었다. 그러나 부산에서 창원까지 왕래하는 것이 체력적으로 부담이 되어 5년 만에 교사 직분을 내려놓게 되었다. 11시 예배에 가려면 7시에 일어나면 되는데, 교사는 8시 30분까지 교회에 도착해야 하기 때문에 5시에 일어나야 했다. 처음에는 어떻게든 버텨 봤으나 도저히 감당이 되지 않아 결국 교사 직분을 내려놓을 수밖에 없었다.

내가 처음 교사를 시작할 때 중학교 1학년이었던 아이들이 이제 고등학교 2학년이 되어 있었다.

"선생님 없으면 저희 무슨 재미로 교회 다녀요?"

"너희는 사람 보고 교회 다니니? 내가 교회를 떠나는 것도 아닌데, 오후에 종종 보면 되지."

"그래도 같이 예배드리는 사람의 영향이 없지는 않아요. 다른 선생님들하고는 세대 차이도 많이 나고 말이 안 통해요."

"맞아요. 똑같은 말을 해도 선생님은 우리 입장에서 이야기해 주시는데, 다른 선생님들은 안 그래요."

"다른 선생님들은 우리랑 눈높이를 못 맞춰요. 선생님은 우리를 최대한 이해하려고 하지만…."

"무슨 말인지 알겠다. 그건 세상 모든 선생님의 숙제야. 학생들의 눈높이에 맞춰 교육하는 게 쉬운 일은 아니지."

나를 붙잡았던 그 아이들 대부분은 스무 살이 되면서 여러 가지 이유로 교회를 떠났다. 완전히 교회를 등지고 세상으로 간 아이도 있었고, 학업을 목적으로 타 지역으로 거주지를 옮긴 경우도 있었다. 다른 곳에서라도 신앙생활을 이어 간다면 감사할 텐데 어디서 무얼 하고 지내는지 도저히 알 수 없는 경우도 있었기에, 그들이 먹든지 마시든지 무엇을 하든지 하나님의 영광을 위해 살아가기를 기도해 줄 뿐이었다. 열심히 가르치긴 했으나 아쉽게도 그때 내가 할 수 있는 일은 없었다.

일을 행하시고 성취하시는 여호와

그즈음 나는 폴리텍 대학에서의 두 번째 시즌을 마무리하고 있었고, 내 인생의 세 번째 직장을 선택하는 문제를 놓고 하나님께 나아갈 길을 구하였다.

"하나님, 참으로 힘난한 삶을 살아왔습니다. 이제야 비로소 모든 것이 안정적이 되었는데, 이번에는 직장을 선택하는 문제를 놓고 하나님께 여쭙니다. 나의 길을 오직 주님이 아시나니, 여호와여, 주는 주의 일을 이 수년 내에 부흥하게 하옵소서. 이 수년 내에 나타내시옵소서. 진노 중에라도 긍휼을 잃지 마옵소서. 하나님의 때가 멀지 않았음을 느낍니다. 내가 이제 깨어 기도하며,

새 노래로 하나님께 찬양하기를 원하나이다. 내 주여, 내가 주를 섬기는 것에 방해가 없는 직장을 주시옵소서. 어느 누구도 내가 하나님의 자녀인 것을 멸시하고 조롱하지 않게 하옵소서. 주님의 높고 위대하심을 찬양하는 일에서 어느 누구도 방해하지 않는 그런 직장을 주시옵소서. 내게 꼭 맞는 직장을 주시옵소서. 나로 부하게도 마옵시고 가난하게도 마옵시며, 꼭 필요한 것들로 나를 채우소서. 돈을 사랑치 않고 가진 바를 족한 줄로 알며 살아가기를 원합니다. 나의 직장 생활의 의미가 수입의 많고 적음에 있지 않게 하소서. 주신 자도 여호와요, 취하신 자도 여호와시오니 여호와의 이름이 찬송을 받으실지니이다. 하나님을 사랑하는 자 곧 그 뜻대로 부르심을 입은 자들에게는 모든 것이 합력하여 선을 이루는 줄 믿습니다."

나는 기도하는 중에 2018년 부산에 있는 한 회사에 입사하였다.

"내가 속한 공동체에 복을 주시는 하나님이시여! 이제 내가 구하옵나니 내게 복에 복을 더하여 주옵시고, 내가 다니는 직장에도 복을 더하여 주사 만물을 충만하게 하시는 이의 충만으로 이곳을 채우소서."

하나님께서 내가 구하는 것을 허락하셨다. 회사 사모님이 기독교인이어서 내가 교회 가는 것에 어느 누구도 불만을 표하는 자가 없었고, 감히 누구 하나 예수 믿는 자를 비방하거나 조롱하지 못했다. 이는 분명 하나님이 나를 도우신 것이었다. 나는 감사 찬양을 하나님께 올려 드렸다.

여호와는 나에게 복을 주시고, 나를 지키시기를 원하고, 여호와는 그 얼굴을 내게 비추사 은혜 베푸시기를 원하며, 여호와는 그 얼굴을 내게로 향하여 드사 평강 주시기를 원하신다.

하나님은 또한 내게 은혜를 베푸사 나의 기도를 들으시고 내가 속한 회사에 복을 주셨다. 내가 입사한 2018년에 16명이던 직원을 5년 만에 32명까지 두 배로 늘려 주시고, 매출도 5년 만에 3배까지 오르게 해주셨다. 내게 풍족하게 채우시는 하나님께 내가 손을 높이 들고 뜨겁게 찬양하며, 모든 영광과 존귀와 능력이 하나님께 있음을 고백한다. '나의 도움이 어디서 올까 나의 도움은 천지를 지으신 여호와에게서로다'라는 시편의 찬양처럼 하나님의 손길을 깊이 경험하며 나는 굳게 다짐했다.

"내가 바르게 살아야 한다. 기도하는 한 사람의 예배자가 미치는 영향력이 얼마나 큰지 내가 누구보다 잘 알고 있으니, 나는 마음을 정결하게 하고, 세상의 모든 쾌락을 멀리하며, 온전히 나의 주, 나의 하나님만을 바라며 나아갈 것이다. 그러면 내가 속한 모든 영역에 있는 사람들이 나를 통하여 복을 받고 형통하게 될 것이다."

하나님께서는 30대를 맞이하여 직장 생활과 교회 생활 모두 새로운 마음으로 새출발하는 나에게 복을 주셨는데, 곧 찬양 인도자로 나를 세우신 것이다. 교회를 옮기고 교사로 봉사를 시작하며 찬양팀 싱어로도 함께 섬겼는데, 이제는 찬양을 인도할 수 있는 기회가 나에게 주어졌다. 어린 시절부터 동경했던, 정말 하고 싶었던 찬양 사역! 노래를 못해서 성가대에서 나가 달라고 부탁 받았던 그 시절에 가장 부러웠던 사람이 바로 찬양 인도자였다. 그것이 나의 소망이자 꿈이었는데, 마침내 그 자리에 설 수 있게 되어 얼마나 감사한지 모른다.

중학교 2학년 때 하나님을 만나면서 목소리가 바뀌긴 했지만, 성가대 연습 때 외에는 제대로 노래를 배운 적이 없었던 나는 유명 가수들의 목소리를 흉내 내며 가요를 부르는 게 노래 연습의 전부였다. 그런데 이 교회에는 밴드 보컬 출신인 집사님이 계셔서 하나님께서 맺어 준 만남으로 주일 오후에 1시간씩 개인 레슨을 받을 수 있게 되었다. 그렇게 주말마다 레슨 받기를 두 달 남짓, 그분이 말씀하셨다.

"이제 혼자 연습해도 되겠어. 지금까지 가르쳐 준 대로 혼자 연습하면서 스스로 고쳐 나가면 될 것 같아."

그분은 얼마 지나지 않아 다른 교회로 떠나게 되었지만, 나는 그 덕분에 노래 부르는 방법을 배울 수 있었고, 현재까지도 좋은 만남으로 이어 가고 있다.

"나를 사용하여 주시니 감사합니다. 내게 능력 주시는 자 안에서 내가 모든 것을 할 수 있나니, 내게 목소리를 주신 하나님의 이름을 높이며 영원토록 주를 찬양하리로다. '이 백성은 내가 나를 위하여 지었나니 나를 찬송하게 하려 함이니라'라고 하셨사오니, 하나님을 영화롭게 하며 영원토록 주님을 즐거이 노래하는 일이 나의 평생에 가장 선하고 아름다운 감사의 제사가 되게 하소서."

그 후 몇 년의 시간이 흐르고 교회에서의 신앙생활과 직장에서의 위치도 안정되자 운동을 해야겠다는 생각이 들었다. 어릴 때부터 몸이 약했기 때문에 태권도와 유도를 비롯해 해동검도까지 이것저것 운동을 다양하게 경험했는데, 이번에는 그동안 한 번도 해보지 못했던 종목인 격투기에 눈을 돌렸다.

집 근처에 있는 킥복싱 체육관에 등록하고, 타고난 근본은 약했지만 투지와 끈기, 집념으로 매일매일 즐겁게 운동했다. 맞는데 최적화된 몸뚱이를 믿고 두려움 없이 과감하게 운동을 즐겼다. 킥복싱을 하면서 깨닫게 된 것은, 내가 사실은 맷집이 좋은 것이 아니라 정신력이 강하다는 것이었고, 또 살아온 삶에 비해 의외로 주먹이 강하다는 것이었다.

2년 가까이 꾸준히 단련하며 총 세 번 시합에 나갔다. 비슷한 체급의 일반인에게는 절대로 지지 않을 것 같다는 확신이 생길 무렵, SNS를 통해 중학생 때 나를 괴롭혔던 동창들을 찾았다.

"하나님은 원수를 사랑하라고 하셨지만 직접 원수를 갚아 주시지도 않았고, 이제는 내가 원수를 갚을 수 있을 만큼 강해졌는데 그래도 과연 참아야만 하는 것인지 여쭙습니다. 그들은 나를 죽음의 문턱까지 끌고 갔는데 그에 대한 어떠한 사과나 반성도 없습니다. 그럼에도 내가 참는 것이 옳습니까? '내가 너희를 사랑한 것같이 너희도 서로 사랑하라' 하셨으니 내가 주의 뜻을 준행하여야 함이 마땅하나, 나는 나의 억울함을 어떻게 해결해야 합니까."

나는 하나님께 하나님의 뜻이 무엇인지 알게 해달라고 기도했고, 역시나 결국은 말씀대로 사는 것이 맞다는 결론을 내렸다.

"죄가 너를 원하나 너는 죄를 다스릴지니라."

"너희를 박해하는 자를 축복하라 축복하고 저주하지 말라."

"할 수 있거든 너희로서는 모든 사람과 더불어 화목하라."

"너는 악을 갚겠다 말하지 말고 여호와를 기다리라 그가 너를 구원하시리라."

"무릇 의인들의 길은 여호와께서 인정하시나 악인들의 길은 망하리로다."

"악에게 지지 말고 선으로 악을 이기라."

그럼 이제 나는 무엇을 해야 할 것인가? 그때 나를 괴롭힌 자들은 자신들이 무엇을 했는지조차 기억하지 못하고 있으며, 아직 어느 누구 하나 사과도 하지 않는다. 그들은 나의 메시지를 읽지 않고 있으며, 나의 팔로우 신청도 받지 않는다.

과거 정신이 혼미해질 정도의 고통을 겪었기에 몸이 아직도 그것을 기억하고 있고, 마음속의 화와 분노도 여전히 남아 있다. 극히 소수의 동창을 제외하면, 이제 중학교 동창 어느 누구도 나를 이기지 못할 것은 분명하다.

그러나 그들을 용서하는 것이 하나님이 나를 통해 이루기 원하시는 것이고, 그리하여 나의 내면이 치유되는 것이 하나님의 뜻이며, 하나님은 나를 가장 선한 길로 인도하시는 분이기에, 결국 나는 이 글을 쓰기에 이르렀다.

내가 이 책을 기록함은 그들로 예수께서 하나님의 아들 그리스도이심을 믿게 하려 함이며, 살아 계셔서 역사하시는 전능하신 하나님이 나를 통해 이루어 가신 모든 일을 통해 구원에 이르는 지혜가 있게 하려는 것이다.

나는 나를 죽음 직전까지 몰고 갔던 그들을 강권하여 데려다 교회를 채울 것이며, 하나님의 뜻이 하늘에서 이룬 것같이 땅에서도 이루어지는 것을 그들과 함께 볼 것이다.

"나와 함께 가자. 그리하면 네 길이 평탄하게 될 것이며 네가 형통하리라."

주님께서 나에게 말씀하신다.

맺는말

갑자기 글이 끝나버려서 저도 매우 아쉽습니다. 조금 더 인생을 살고 나서 썼어야 하나? 그런 고민도 있었습니다만 하나님은 마흔이 되기 전에 스스로를 돌아보며, 반성하고 회개할 기회를 주셨고 감사함으로 저의 신앙을 점검할 수 있게 하셨습니다.

글을 준비하는 과정에서 원인이 불분명한 시력 저하가 찾아와서 일상생활이 불가능할 정도의 심각한 상황에 처하기도 했습니다. 하나님은 그 과정 속에서 저의 진정한 기도를 듣기 원하셨고, 한 달이 넘는 시간 동안 벽을 마주하며 일정 시간 동안 치료를 목적으로 눈을 봉인한 채로 하나님께로 더 가까이 나아가는 시간을 가졌습니다.

이사야 41장 10절의 주일 설교 말씀을 통해 반드시 회복시켜 주실 것이라는 확신을 주시고, 호세아 11장 9절을 보게 하사 에브라임을 향한 진노를 그치고 긍휼을 베푸신 하나님께 감사의 찬양을 올려드릴 수 있게 해 주셨습니다.

연단이 필요한 저에게 시련을 통한 인내의 시간들을 허락하여 주사 저의 힘이 아닌 성령의 능력을 의지하며 살아야 함을 다시 한 번 깨닫게 하시고 약한 저를 강하게, 가난할 때에 부유하게 하시며, 눈먼 자의 눈을 뜨게 하시는 전능하신 하나님을 경험할 수 있었음에 감사드립니다.

하나님이 일만 달란트를 빚진 저에게 긍휼을 베푸신 것같이 저도 백 데나리온을 빚진 자에게 자비를 베푸는 삶을 살아야 하겠습니다. 제가 회복되고 교회와 직장으로 돌아갔을 때에 하나님은 저의 기도를 들으사 교회와 직장은 물론 제가 속한 모든 공동체가 회복되며 복을 받아 부흥하게 하실 줄 믿습니다.

끝으로 눈이 멀어서 아무것도 못 하는 중에도 함께 중보해 수고 기도해 주시며 믿고 기다려 주신 쿰란출판사에도 진심으로 감사의 인사를 드리며 이 글을 맺습니다.

일을 행하시고 성취하시는 여호와

1판 1쇄 인쇄 _ 2025년 10월 15일
1판 1쇄 발행 _ 2025년 10월 25일

지은이 _ 김정민
펴낸이 _ 이형규
펴낸곳 _ 쿰란출판사

주소 _ 서울특별시 종로구 이화장길 6
편집부 _ 745-1007, 745-1301~2, 747-1212, 743-1300
영업부 _ 747-1004, FAX 745-8490
본사평생전화번호 _ 0502-756-1004
홈페이지 _ http://www.qumran.co.kr
E-mail _ qrbooks@daum.net / qrbooks@gmail.com
한글인터넷주소 _ 쿰란, 쿰란출판사
페이스북 _ www.facebook.com/qumranpeople
인스타그램 _ www.instagram.com/qrbooks
등록 _ 제1-670호(1988.2.27)
책임교열 _ 이화정 · 이주련

ⓒ 김정민 2025 ISBN 979-11-24013-16-8 03230

책값은 뒤표지에 있습니다.
이 출판물은 저작권법에 의해 보호를 받는 저작물이므로 무단 복제할 수 없습니다.
파본(破本)은 구입처에서 교환해 드립니다.